700년의 찬란하고도 슬픈 역사

고대 왕국 백제를 찾아서
충청, 전라편

※ 이 책은 교과서와 연계되어 있습니다.

초등학교 사회 5학년 1학기	1 하나 된 겨레
중학교 역사 상	II 삼국의 성립과 발전

※ 일러두기
- 책은 『 』로 표기하였습니다.
- 이 책에 사용된 사진은 저작권자의 허락을 받았고, 저작권자의 허락을 받지 못한 사진은 최선을 다해 저작권자를 찾아 소정의 사용료를 지불하겠습니다.

700년의 찬란하고도 슬픈 역사

고대 왕국 백제를 찾아서
충청, 전라편

기획 백제문화기획 | 글 박유상

아카넷주니어

 **프롤로그**

백제인의 숨결이 느껴지는 유물, 유적을 찾아서

교과서에 나오는 삼국시대와 그 삼국 가운데 하나인 백제. 여러분은 백제가 어떤 나라였는지 아나요? 잘 모르겠다고요? 교과서나 책에 나온 내용만으로 천오백여 년 전의 백제를 알기는 정말 어렵지요. 그런 나라가 있었던 걸까, 있었다한들 그것을 아는 것이 뭐 중요한가 싶지요?

지금 여러분은 어디에 살고 있나요? 혹시 여러분이 사는 그곳에는 옛 조상들의 흔적이 남아 있는 곳은 없나요? 백제는 서울과 경기도, 그리고 충청도와 전라도에 이르는 지역을 영토로 삼았던 고대 국가입니다. 그 지역에는 지금도 백제인들이 살았던 흔적이 남아 있습니다. 서울의 몽촌토성, 풍납토성, 공주와 부여의 고분들과 곳곳에 있는 수많은 산성, 사찰이나 불상 등등. 우리에게 그 시대와 그 시대 사람들의 이야기를 들려주고 있습니다. 이 땅에는 백제와 신라, 고구려의 삼국, 그리고 그 이후의 통일신라, 고려, 조선, 일제강점기, 해방, 지금까지의 역사가 고스란히 남아 있는 거지요. 그들을 이어서 지금 우리가 이 땅에 살고 있는 것이죠. 단 한 번도 이 땅에 사람들이 살고 있지 않았던 적은 없었으니까요.

우리는 지금부터 널리 알려지지 않았지만 그 시대 사람들의 삶을 알려주는 유물과 유적을 찾아가려고 합니다. 그리고 그것이 지금 우리의 삶과 어떻게 연결되어 있는지를 생각해 보려고 합니다.

우리는 백제의 수도였던 한성, 웅진, 사비, 즉 서울과 공주, 부여는 잘 알고 있지만 나머지 지역들에 대해서는 잘 알지 못합니다. 백제 시대 중요한 역할을 했던 지방의 여러 곳에는 그 증거들이 남아 있습니다. 웅진시대 백제의 수도인 공주에서 예산, 서산, 태안으로 이어지는 길은 백제가 서해를 무대로 중국의 여러 나라와 왜와 교류했던 교통로입니다. 백제 발전에 매우 중요한 길이었지요. 그것을 알 수 있는 유적들이 지금 그곳에 남아 있습니다. 또한 익산에는 백제 말기 영웅의 면모를 지녔던 무왕의 꿈을 엿볼 수 있는 유적이 남아 있지요. 그런가 하면 논산은 백제 멸망의 아픈 역사를 간직하고 있습니다.

이 지역들은 웅진시대에서 사비시대 그리고 백제 멸망과 그 후 백제 부흥 운동에 이르는 백제 역사를 증언하고 있는 곳입니다. 이곳에서 우리는 한 나라가 발전하고 쇠퇴해 멸망에 이르는 드라마와 같은 이야기를 유적, 유물을 통해 확인할 수 있습니다. 여러분의 눈과 귀와 마음을 활짝 연다면 역사는 저절로 우리의 눈과 귀, 마음에 들어오게 될 것입니다. 그래서 지금을 살아가는 우리에게 삶의 지혜로 되살아날 것입니다.

그럼 출발해 볼까요?

 목차

프롤로그 백제인의 숨결이 느껴지는 유물, 유적을 찾아서 · 4

간추린 백제사

왕들을 통해서 본 백제 7백여 년 역사 · 10
백제인들의 삶을 통해서 본 백제 모습 · 15

체험학습 1

해양 국가 백제, 해상권을 회복하라

빼앗긴 바다를 되찾기 위한 노력, 예산 · 28
예산 화전리 사면석불

천연의 해상 방어 기지, 서산과 태안 · 38
서산 용현리 마애여래삼존상 ▶ 보원사지 ▶ 태안 마애삼존불

체험학습 2
백제 말기 새로운 꿈을 펼치다

무왕 시대, 익산 · 62

미륵사지 ▶ 왕궁리유적 ▶ 쌍릉

체험학습 3
백제를 끝까지 지켜라

백제 멸망의 뼈아픈 현장, 논산 · 102

백제군사박물관 ▶ 계백장군유적전승지

찾아보기 · 128
사진 소장 및 제공 · 132

간추린 백제사

- 왕들을 통해서 본 백제 7백여 년 역사
- 백제인들의 삶을 통해서 본 백제 모습

왕들을 통해서 본 백제 7백여 년 역사

한강 유역인 하남위례성에서 시작한 나라, 백제

백제는 기원전 18년, 부여 출신의 온조가 고구려에서 내려와 한강 유역인 하남위례성에 수도를 정하고 세운 나라입니다. 그리고 신라와 당나라 연합군에 멸망한 660년까지 신라, 고구려와 함께 7백여 년 이 땅을 지킨 고대 삼국 가운데 하나입니다.

백제의 실질적 시조 고이왕, 국가의 기틀을 갖추다

백제가 고대 국가로서 기틀을 갖추게 된 것은 고이왕(재위 234~286) 시기입니다. 이때 백제는 한강 유역을 완전히 장악해 힘이 커졌습니다. 고이왕은 관리의 등급을 열여섯 단계로 나누고 신분에 따라 관복의 색깔을 다르게 했습니다. 또한 뇌물을 받은 관리는 다시는 관직에 오르지 못하게 하는 법령을 제정했습니다. 고이왕의 노력으로 백제는 연맹국가나 다름없던 정치 체제를 강력한 중앙집권 체제로 발전시켰습니다. 비로소 고대 국가의 체제를 갖추게 된 것이죠.

근초고왕 시기에 영토를 확장하고 전성기를 이루다

근초고왕(재위 346~375) 시기에 백제는 커다란 발전을 이루어 냅니다. 마한 전체를 통합하여 세력을 남쪽으로는 전라도 남해안까지 확장하고, 북쪽으로는 황해도 지역을 놓고 고구려와 대결했습니다. 또한 낙동강 유역의 가야에 대한 지배권을 행사했습니다.

근초고왕 시기에 백제는 정복 활동을 통해서 강대해진 군사력과 경제력을 바탕으로 수군을 정비하여 중국의 요서 지방에 진출했던 것으로 추측됩니다. 이어서 중국의 산둥 지방과 일본의 규슈 지방에까지 진출하는 등 활발한 대외 활동을 펼칩니다. 백제는 고대의 해양권을 거머쥐고 여러 나라와 교역과 교류를 하며 중국으로부터는 물품과 문화를 수입하고 왜에는 문화를 전파하는 역할을 합니다.

침류왕(재위 384~385) 때에는 중국으로부터 불교를 받아들여, 왕권을 튼튼히 하는 정신적 기반으로 삼았습니다.

수도를 웅진으로 옮기다

발전해 나가던 백제는 아신왕(재위 392~405) 5년인 396년에 고구려 광개토대왕이 이끄는 군대에 패하면서 수도인 한성을 침공당합니다. 백제는 한강까지 후퇴하면서 해상 활동이 크게 위축되고 북쪽의 많은 영토를 잃었습니다.

또한 개로왕(재위 455~475) 때에는 광개토대왕의 아들인 장수왕에게 패하여 한강 유역을 빼앗기고 맙니다. 결국 고구려군에게 한성이 함락되자 개로왕에 이어 왕위에 오른 문주왕(재위 475~477)은 475년 남으로 더 내려와 지금의 공주인 웅진으로 수도를 옮겼습니다. 이로써 백제 한성시대(기원전 18~475)가 끝나고 웅진시대(475~538)가 시작되었습니다. 웅진으로 수도를 옮긴 백제는 한참 동안 세력을 회복하지 못하고 힘든 시기를 보내게 됩니다.

무령왕, 발전의 기반을 마련하다

> **남제**(479~502) 중국 남조 시대(420~589)의 두 번째 왕조.
> **양나라**(502~557) 중국 남북조 시대 남조의 세 번째 왕조.

웅진시대 동성왕(재위 479~501)은 다시 중국의 남제*와 교류를 시작하고, 신라와 관계도 잘 유지했습니다.

백제는 다시 안정을 되찾는 듯했지만 강압적인 정치를 펼친 동성왕이 신하에게 살해당하는 사건이 일어나면서 백제는 또다시 혼란에 빠졌습니다.

뒤를 이어 즉위한 무령왕(재위 501~523)은 안으로는 지방 제도를 정비해 왕족을 파견해서 지방을 통치했습니다. 밖으로는 고구려의 수곡성(지금의 황해도 신계)을 공격해서 영토를 넓히고 중국의 양나라*와 교류하면서 다시 발전의 발판을 마련합니다.

성왕, 수도를 사비로 옮기다

무령왕의 뒤를 이은 성왕(재위 523~554)은 무령왕이 이루어 놓은 기반 위에서 백제가 다시 번성하는 데 큰 활약을 했습니다. 성왕은 우선 먹을 것이 풍부하고 수로 교통에 유리한 사비(부여)로 수도를 옮겼습니다. 그리고 나라 이름을 남부여로 바꾸지요. 백제 사비시대(538~660)가 시작된 것입니다.

성왕은 양나라의 발전한 문물을 적극적으로 받아들이고, 왜에 불교를 전파하는 등 적극적인 외교 정책을 펼쳐 나라의 힘을 키웠습니다. 또한 신라의 진흥왕과 힘을 합쳐 수시로 쳐들어오는 고구려군을 물리치고 한때 한강 유역을 다시 되찾기도 했습니다. 하지만 동맹군에서 적이 되어 버린 신라와 싸우다가 관산성(지금의 충청북도 옥천) 전투에서 전사하고 말았습니다.

백제 7백여 년 역사가 막을 내리다

관산성 전투 패배 이후 백제는 시련을 겪게 됩니다. 하지만 위덕왕, 혜왕, 법왕을 거치면서 서서히 어려움을 극복해 나갑니다. 다음에 왕위에 오른 무왕은 신라를 여러 차례 공격해 압박하고 중국의 수나라, 그 뒤를 이은 당나라에 연이어 사신을 보내면서 외교 관계를 튼튼히 했습니다. 무왕이 다스리던 동안 백제는 40여 년간 신라와 전쟁을 치르고 외교를 통해 고구려를 몰아붙이는 등 강한 나라로 거듭나게 됩니다.

이어 즉위한 의자왕은 초기에는 중국, 왜와 외교 관계를 맺고 신라를 압박해 나갑니다. 하지만 후반기로 가면서 충신을 멀리하고 사치스러운 생활을 하는 등 나라를 제대로 돌보지 않았습니다.

이때를 틈탄 신라와 당나라 연합군은 백제를 공격합니다. 백제는 계백 장군이 목숨을 걸고 싸운 황산벌 전투에서 크게 패한 후 사비성이 함락되고 결국 멸망하게 됩니다. 이로써 백제의 7백여 년 역사는 막을 내렸습니다.

백제를 되찾기 위한 항쟁을 펼치다

나라를 잃은 백제 유민들과 관리들은 의자왕의 항복에 굴하지 않고 백제를 되찾기 위한 항쟁을 시작합니다. 흑치상지 장군과 왕족 출신 복신, 승려 도침은 임존성(지금의 충청남도 예산)을 거점으로 백제 부흥을 위한 항쟁을 펼쳤습니다. 그들은 왜에 원병을 요청했고, 신라군과 싸워 금강 유역의 여러 성을 되찾기도 합니다. 그러나 복신과 도침의 불화로 서로 죽고 죽이는 일이 벌어지면서 백제 부흥군의 힘은 약화되고 주류성은 함락당하게 됩니다. 결국 백제 부흥 운동은 실패로 끝나고 맙니다.

백제 마지막 왕, 부여풍

　백제가 신라군과 당나라군을 몰아내고 나라를 되찾기 위한 운동을 펼칠 때 백제 부흥 운동을 이끌었던 지도층은 당시 일본에 머물던 왕족인 풍을 불러들였어. 사람들의 마음을 하나로 모으기 위한 구심점으로서 왕이 필요했던 거야. 풍은 신라가 고구려와의 전쟁으로 정신이 없는 틈을 타 661년에 백제에 귀국해. 그리고 백제 부흥 운동을 주도한 복신과 도침에 의해 백제 제32대 왕으로 추대되었어.

　풍은 왕위에 오른 뒤 신라와 당나라 연합군(나당 연합군)과 격전을 벌여 한때 나당 연합군을 위기에 빠뜨리기도 했어. 하지만 부흥 운동의 지배자인 복신과 도침의 사이가 나빠지고 복신이 도침을 살해하기에 이르러. 그리고 세력을 모은 복신이 정권을 장악하려고 풍왕까지 죽이려고 하지. 하지만 이를 눈치챈 풍왕이 먼저 복신을 살해했어. 백제는 풍왕 3년인 663년, 백강에서 나당 연합군과 최후의 전투를 벌여. 이 전투에서 백제는 패했고 백제 부흥 운동도 막을 내리게 되었지. 이후 풍왕은 고구려로 망명했어.

백제인들의 삶을 통해서 본 백제 모습

백제의 정치 제도

백제가 성립되기 이전에 경기도, 충청도, 전라도 지역에는 54개의 작은 나라가 동맹을 맺은 마한이 있었습니다. 마한의 나라들이 백제에 통합되면서 백제는 고대 삼국 가운데 하나의 나라로 성장하게 됩니다. 백제는 건국 초기에는 지방을 5부로 나누어 다스렸습니다. 5부의 귀족들이 각자 관리를 거느리며 자신의 지역을 다스렸고 왕은 귀족 가운데 가장 힘 있는 한 사람에 지나지 않았죠. 국가의 중요한 일은 각 부의 귀족이 모인 회의체에서 결정했습니다.

그러나 사회가 발전하면서 관등제가 정비되어 각 부의 귀족과 그 아래에 있던 관리들이 왕의 신하가 되었습니다. 제대로 된 고대 국가의 모습을 갖추게 된 것입니다. 백제는 삼국 가운데에서도 가장 먼저 관리의 등급을 정하는 관등제를 정비했습니다. 백제의 관등제는 16관등에 6좌평을 두었는데, 좌평이 가장 높은 벼슬입니다.

웅진시대와 사비시대를 거치면서 백제의 지방 통치 제도가 정비되어 갔습니다. 특히 웅진시대 무령왕 때부터는 지방에도 왕권이 미치도록 전국에 22개의 담로를 설치하고 왕족을 파견해 지방을 다스리게 했습니다.

사비시대 백제는 전국을 크게 다섯 지역, 오방으로 나누었습니다. 방은 다시 6~10개 군으로 나누어 통치하는 것을 기본으로 하였습니다. 방의 우두머리를 방령, 군의 우두머리를 군장이라고 불렀습니다. 고대 삼국의 지방 조직은 군사 조직이기도 했기 때문에 지방 관리들은 군대 지휘관의 역할도 했습니다. 방령은 7백 명에서 천2백 명의 군사를 거느렸습니다.

백제의 경제

비옥한 한강 유역을 차지했던 한성시대 백제는 일찍부터 농업이 발달했습니다. 웅진이나 사비시대 역시 금강 유역의 비옥한 토지가 있어서 삼국 가운데에서는 비교적 농업 생산력이 높았다고 할 수 있었지요.

고대 삼국시대에 토지는 국가 소유였습니다. 농민들은 토지를 경작하고 나라에 세금을 바쳤습니다. 백성들은 쌀이나 면포와 같은 곡식과 옷감으로 세금을 냈습니다.

백제는 뛰어난 기술자들이 많기로 유명했습니다. 백제의 무기나 금·은 장식품, 불상 등을 보면 수공업과 금속을 다루는 기술이 매우 발달했다는 것을 알 수 있습니다. 또한 옷감을 짜는 직조술과 염색술 등도 발달했습니다.

백제 사회

백제 시대에는 죄를 지으면 어떤 벌을 받았을까요? 백제는 지금 보기에는 다소 가혹한 형벌 제도를 가지고 있었습니다. 살인자나 나라에 반역을 저지른 자, 전쟁에서 도망친 자 등은 목을 베어 처형했습니다. 도둑질한 사람은 귀양을 보내는 동시에 도둑질한 금액의 두 배를 물게 했습니다. 관리가 뇌물을 받거나 국가의 재물을 훔쳤을 때는 세 배를 배상하고 다시는 관리가 될 수 없게 하였습니다.

백제에는 신분제도가 있었습니다. 지배계급으로는 왕족과 귀족이 있었습니다. 그중 8대 성씨의 귀족이 큰 힘을 가졌습니다. 지배계급은 중국의 고전과 역사책을 즐겨 읽었고, 한문을 능숙하게 쓸 줄 알았다고 합니다. 놀이로 투호*와 바둑, 장기를 즐겨 했습니다.

평민층은 원래 마한 지역에 살던 사람들로 대부분 농민이었습니다. 평민들은 군대에 가고, 세금을 내고, 성을 쌓거나 궁궐을 짓는 등의 각종 부역에 동원되었습니다. 평민 아래에는 노예가 있었는데 주로 전쟁 포로였습니다. 하지만 죄를 짓거나 빚을 져서 노예가 된 사람도 있었습니다.

> 투호 항아리에 화살을 던져 넣는 놀이.
>
> 향찰 한자의 뜻과 소리를 빌려 우리말을 적는 방식. 『삼국유사』와 『균여전』에 실린 향가는 모두 향찰로 쓰였다.

백제의 학문과 종교

고대 삼국은 철기시대부터 한자를 들여와서 사용했고, 향찰* 등을 만들어 한문을 우리말에 맞게 쓰려고 노력했습니다.

백제는 한문학과 유학에 능통한 오경박사, 의학에 능통한 의박사, 기와를 만드는 기술자인 와박사 등을 두어 유교 경전과 기술학 등을 가르쳤습니다. '박사'라는 칭호는 학자뿐 아니라 기술자에게도 내려 주었습니다. 백제는 왜에 박사를 파견해 선진 기술을 전해 주었습니다.

4세기경 백제와 고구려는 중국으로부터 불교를 받아들였습니다. 백제는 불교를 신라와 왜에 전해 주었습니다. 불교는 왕이 곧 부처라는 불교의 전륜성왕 사상이 왕권을 뒷받침해 주었으며 미륵사상이나 관음사상이 힘든 백성들

백제의 8대 성과 고대 삼국의 성씨 이야기

　중국 역사책인 『주서』에는 백제 후기의 대표적인 가문의 8대 성으로 사·연·협·해·진·국·목·백 등이 있고, 왕족의 성은 부여 씨였다고 하는 기록이 있어. 이들 8대 성은 지금 모두 남아 있지 않아. 성씨는 언제부터 쓴 것일까?

　동양에서 처음으로 성을 사용한 곳은 중국이야. 이들은 처음에 거주 지역이나 산, 강 등을 본떠 이름으로 성을 삼았다고 해. 우리의 성도 모두 한자를 사용하고 있기 때문에 학자들은 중국 문화를 수입한 뒤에 성을 사용했다고 보지. 물론 『삼국사기』, 『삼국유사』 등에 따르면 고구려는 시조 주몽이 건국하여 국호를 고구려라 하였기 때문에 고 씨(高氏)라 하고, 백제는 시조 온조가 부여 계통에서 나왔다 하여 성을 부여 씨라고 했다는 기록이 있어. 또 신라는 박·석·김 3성의 전설이 있지. 이러한 역사책을 보면 마치 삼국이 고대 국가 시대부터 성을 쓴 것처럼 기록되어 있지만 이것은 모두 중국 문화를 수용한 뒤에 지어 낸 것이라고 해.

　그럼 우리는 언제부터 성을 사용했을까? 확실히 알 수 없지만 고구려는 장수왕(413~491) 때부터 중국에 보내는 국서에 고 씨의 성을 썼고, 백제는 늦어도 근초고왕 시절에 부여 씨를 사용했어. 중국에서는 백제 왕족의 성을 중국식 표기인 '여' 씨로 적었어. 신라는 진흥왕 때부터 김 씨 성을 사용한 것으로 보여. 성을 최초로 가지게 된 사람들은 왕실이나 귀족 등 최상층 지배 집단이었던 것 같아.

　신라에 의해서 삼국이 통일된 후 후삼국 시대부터 신라계의 성씨를 중심으로 보급되었을 거라고 봐.

　조선 시대 『택리지』라는 책을 쓴 이중환은 "고려가 후삼국을 통일하자 비로소 중국식 성씨 제도를 전국에 반포함으로써 사람들이 비로소 모두 성을 가지게 되었다."라고 기록하고 있어.

에게 위안을 주고 하나로 묶어 주는 역할을 했습니다.

백제에는 도교도 전래되어 자연에 대한 숭배나 신선 사상 등이 귀족 사회를 중심으로 널리 퍼졌습니다. 백제 산수무늬 벽돌은 자연과 더불어 살기를 원하는 사람들의 바람을 담고 있습니다. 백제 최고의 유물이라 불리는 금동대향로는 신선들이 사는 이상 세계를 표현하고 있습니다.

백제 산수무늬 벽돌
부여군 규암면 외리의 백제 사비시대 절터에서 발견되었다.

백제의 문화

고대 삼국은 각각 독특한 문화를 발전시켰습니다. 백제는 우아하고 섬세하며 세련된 예술문화로 잘 알려져 있습니다. 중국 남조와 북방 고구려의 영향을 받으면서도 백제만의 독특한 세계를 창조했지요.

절터, 탑, 고분 등의 백제 유물, 유적에서 백제 건축의 규모와 기술을 짐작할 수 있습니다. 백제 최대의 절터인 익산 미륵사지와 웅장한 미륵사지 석탑은 동양 최대 규모로 유명합니다. 부여 정림사지 5층 석탑은 삼국시대 석탑 가운데 가장 아름답다고 평가받고 있지요. 한성시대 석촌동고분군과 웅진시대 송산리고분군과 무령왕릉, 사비시대 능산리고분군 등의 백제 고분은 백제의 뛰어난 고분 양식을 엿볼 수 있습니다. 또한 고분에서 출토된 유물들은 백제 장인의 뛰어난 기술은 물론이고 당시 백제인들의 생활상을 엿볼 수 있습니다.

서산 용현리 마애여래삼존상, 금동관세음보살상, 금동미륵보살반가상 등의 불상 유물과 유적에서는 온화한 아름다움을 느낄 수 있습니다. 또한 금·은 장식품, 유리 제품 그리고 연꽃무늬, 도깨비무늬 기와나 글자를 새긴 인장기와 등에서도 백제 미술의 우수성이 드러납니다.

백제 문화의 일본 전파

백제는 우수한 문화를 왜에 전파함으로써 고대 일본 문화에 큰 영향을 미쳤습니다. 근초고왕 때 왕인 박사가 왜에 『논어』와 『천자문』을, 아직기가 양마술(말 기르는 법)을 전했습니다. 또한 성왕 때는 불교를, 무왕 때는 승려 관륵이 천문, 지리, 역법 등을 전해 주었습니다.

백제인들이 직접 왜에 건너가 그들에게 가르침을 주었습니다. 백제 위덕왕 때의 승려 혜총은 595년에 왜에 가서 쇼토쿠 태자의 스승이 되었고, 아좌 태자는 쇼토쿠 태자의 초상화를 그렸습니다. 그리고 많은 화공, 와공, 경사, 율사, 의사를 보내 고대 일본 문화 발전에 커다란 기여를 했습니다.

아좌 태자가 그린 쇼토쿠 태자와 두 왕자 그림
아좌 태자는 백제 제27대 위덕왕의 아들이다. 그는 위덕왕 44년인 597년에 일본으로 건너가 쇼토쿠 태자의 스승이 되었다.

웅진·사비시대 왕 연표

제22대 문주왕(재위 475~477)	웅진으로 수도를 옮김. 신하들에게 살해당함.
제23대 삼근왕(재위 477~479)	열세 살에 왕위에 오름.
제24대 동성왕(재위 479~501)	신하들에게 살해당함.
제25대 무령왕(재위 501~523)	혼란한 나라를 안정시키고 왕권을 강화함. 전국에 22개 담로를 설치해 지방에 왕족을 파견해 직접적으로 지방을 다스림.
제26대 성왕(재위 523~554)	수도를 사비로 옮기고 남부여로 나라 이름을 바꿈. 중국 양나라 문물을 수용함. 신라와 연합으로 한때 한강 유역을 다시 되찾았으나 신라의 배신으로 관산성 전투에서 전사함.
제27대 위덕왕(재위 554~598)	웅진성을 공격한 고구려군을 격퇴시킴. 일본 쇼토쿠 태자의 스승이 된 맏아들 아좌 태자가 597년에 일본에 건너감.
제28대 혜왕(재위 598~599)	국력이 많이 약해진 상태에서 일흔 살의 나이로 즉위함. 1년 만에 왕위에서 물러남.
제29대 법왕(재위 599~600)	살생을 금하는 영을 내림. 600년에 왕흥사를 창건하려고 했으나 뜻을 이루지 못함.
제30대 무왕(재위 600~641)	신라와 여러 차례 전쟁을 벌임. 수나라와 동맹을 맺고 고구려를 견제함. 익산에 백제 최대 사찰인 미륵사와 왕궁을 건설함. 법왕의 뜻을 이어 받아 30여 년 만에 왕흥사를 완공함.
제31대 의자왕(재위 641~660)	신라와 당나라의 연합군에게 사비성을 내 주고 백제 멸망함.
제32대 풍왕(재위 661~663)	백제 부흥 운동이 일어났으나 성공하지 못함.

    자, 백제의 7백여 년 역사를 간략하게 살펴보았으니 본격적으로 백제의 흔적을 찾아 떠나 볼까요?

    우리가 지금부터 만나게 될 곳은 백제의 또 다른 숨결이 살아 있는 충청도와 전라도 지역입니다. 백제의 수도였던 서울, 공주, 부여뿐 아니라 지방 곳곳에도 백제의 역사가 살아 숨 쉬고 있어요. 백제의 아름다운 유물과 유적은 천오백여 년이 지난 지금까지 우리에게 많은 이야기를 들려주고 있답니다.

    우리가 지금부터 떠나게 될 곳은 백제의 또 어떤 다른 이야기를 담고 있을지 기대되지 않나요?

    자, 준비됐나요? 그럼 출발해 보겠습니다.

체험학습 코스

▶ 예산 화전리 사면석불 ▶ 서산 용현리 마애여래삼존상 ▶ 서산 보원사지 ▶ 태안 마애삼존불

▶ 익산 미륵사지 ▶ 익산 왕궁리유적 ▶ 익산 쌍릉 ▶ 논산 백제군사박물관

▶ 논산 계백장군유적전승지

해양 국가 백제,
해상권을 회복하라

체험학습 1

예산 ▶ 서산 ▶ 태안

백제는 한성(서울)과 웅진(공주), 사비(부여) 순으로 수도를 옮겨 가면서 7백여 년의 찬란한 역사를 간직한 고대 왕국입니다. 그리고 고구려, 신라와 함께 우리나라 고대 삼국시대의 주인공이기도 합니다.

백제를 세운 비류와 온조, 그들의 어머니 소서노 등은 본래 압록강 유역에서 강과 바다를 누비던 졸본부여의 후손이었습니다. 이들은 주몽을 도와 고구려를 세웠는데 주몽의 아들 유리가 고구려의 태자가 되었습니다. 그러자 그들은 남쪽으로 내려와 하남위례성을 수도로 백제라는 나라를 세웠습니다.

한강 남쪽의 서울시 송파구 일대에 나라를 세운 백제는 강화만 지역을 차지했고, 이곳을 통해 바다로 나가 해양 강국이 될 수 있었습니다. 하지만 고구려 군에게 한성이 함락되고 웅진으로 수도를 옮기게 되면서 백제는 바닷길을 빼앗겨 해상 왕국의 자리를 고구려에게 내 주게 되었죠.

서해를 끼고 있었던 백제는 발달한 중국 문물을 빠르게 받아들여 고대 국가의 기틀을 닦고 발전했습니다. 따라서 백제가 다시 일어서기 위해서는 해상으로 가는 교통로를 찾고 지키는 일이 몹시 중요했습니다. 금강의 중류에 위치한 수도 웅진은 금강을 통해서 서해로 나갈 수 있었고 서북쪽의 태안반도나 북쪽의 아산만을 이용할 수도 있었습니다.

아산만과 태안반도, 서천, 군산 등지를 통해 서해를 건너 중국의 여러 나라와 교류하고 남쪽의 왜와도 교류할 수 있었던 백제는 다시 힘을 키워 무령왕 때는 고구려에게 빼앗긴 서해안의 해상권을 되찾고 번영을 누리게 됩니다. 바로 웅진에서 예산 그리고 서산과 태안으로 이어지는 길이 백제 웅진시대를 번영으로 이끌어 준 길이었습니다. 그것을 보여 주는 유물과 유적이 지금도 많이 남아 있습니다. 그중에서도 공통적으로 발견되는 유적은 불상입니다.

바다로 가는 길목에 위치한 이 세 곳에서 불상이 발견되는 이유는 무엇일까요? 이 세 곳에 백제가 남긴 유적, 유물들을 살펴보면서 바다를 통해 영광스러운 역사를 회복한 백제의 이야기를 들으러 떠나 볼까요?

● 빼앗긴 바다를 되찾기 위한 노력, 예산

> **체험학습 코스**
> 예산 화전리 사면석불

　백제의 두 번째 수도인 공주에서 서북쪽으로 60여 킬로미터 떨어진 곳에 충청남도 예산이 있습니다. 서쪽으로 너른 내포평야가 자리하고 있는 편안한 곳입니다. 백제 시대에는 현재의 예산군을 오산현, 대흥면은 임존성, 덕산군은 금물현이라고 불렸습니다. 예산은 지금은 내륙이지만 백제 시대만 해도 이곳까지 바닷물이 들어왔다고 합니다.

　고구려군에게 한성을 빼앗기고 바닷길까지 내 주게 된 백제는 새 수도, 웅진에서 다시 새로운 바닷길을 개척해야 했습니다. 중국을 비롯한 여러 나라와의 교류는 백제를 다시 강한 나라로 만들기 위해서 꼭 필요했기 때문입니다. 수도 웅진에서 서해안으로 나가기 위해서는 금강을 이용할 수도 있었습니다. 하지만 태안 부근의 안흥량처럼 위험한 해로를 지나야 했기 때문에 백제인들은 좀 더 안전한 항로를 찾아야 했습니다. 그 결과 수도의 북쪽에 위치한 아산만이나 서북쪽에 위치한 태안반도를 이용하게 되었습니다. 예산은 그곳까지 가는 중간에 위치하고 있었기에 서산이나 태안으로 가거나 북쪽의 아산만으로 들어갈 수 있는 교통의 중심지가 될 수 있었습니다.

지금은 조용한 시골 마을이지만 당시만 해도 아산만, 태안반도 등과 수도 웅진을 잇는 교통의 요지로서 아마도 중요한 사람들이 오고 가며 머물지 않았을까 짐작해 봅니다. 지금도 예산은 충청남도의 주요 도시들로 향하는 네 갈래 길의 중심에 위치한 교통로의 중심지입니다. 이곳에 백제 사람들은 아주 특이한 형태의 사면석불을 세웠습니다. 그것이 천오백여 년이 지난 지금까지도 남아 있지요.

이 조용한 시골 마을에 백제 사람들이 사면석불을 세운 이유는 무엇일까요? 사면석불이 우리에게 어떤 이야기를 전하고 있는 것일까요? 사면석불을 만나러 떠나 보겠습니다.

예산 화전리 사면석불

예산은 조선 시대까지도 공주와 서산, 태안 지역을 잇는 지름길 역할을 했습니다. 바로 이곳에 한반도에 최초로 만든 것으로 보이는 사면석불이 있습니다. 사면석불은 말 그대로 네 개의 면에 불상을 새긴 것입니다. 예산 화전리 사면석불은 충청남도 예산군 봉산면 화전리라는 작은 마을 언덕 위에 자리하고 있습니다.

이 사면석불은 1983년에 사람들이 미륵당이라고 부르던 곳에서 발견되었습니다. 땅속에 커다란 돌이 비스듬히 묻혀 있었던 것을 발굴한 결과 자연석의 네 면에 부처님이 조각되어 있었습니다. 그리고 부처님 머리 뒤 동그란 모양의 광배(부처의 몸에서 나온 빛의 모습)에는 불꽃무늬, 연꽃무늬, 인동무늬(겨우살이 덩쿨무늬)가 새겨져 있습니다. 이는 백제 특유의 양식입니다. 이로 인해 백제의 불상이라고 추정할 수 있었습니다. 그리고 사면석불 주변에서 건물이 있었던 터와 탑이 있었던 자리 등도 함께 발굴되었습니다.

백제 사람들은 왜 이곳에 네 면에 부처님을 조각한 특이한 사면석불을 세우게 되었을까요?

모든 곳, 모든 사람에게 행복을 주는 사면의 부처님

그럼, 당시 사람들은 왜 불상을 만들었을까요? 아마도 커다란 힘을 가지고 있다고 믿는 부처님에게 백제와 백제 백성들의 편안과 안녕을 기원한 것이겠지요.

백제는 침류왕 원년인 384년에 중국 동진*에 사신을 보내 서로 교류하게 되었습니다. 그해 9월에 인도 승려 마라난타가 백제에 오면서 백제는 본격적으로 불교를 받아들였습니다.

> **동진**(317~420) 중국 남북조 시대에 진나라가 멸망한 이후 왕족 사마예가 317년에 지금의 난징에 도읍하고 세운 나라.

백제 불교는 중국의 발달한 문화를 수입하는 과정에서 국가가 들여온 종교였습니다. 그래서 불교는 나라의 평안과 발전을 비는 국가 종교로 발전하게 되었습니다. 특히 백제는 국가가 중심이 되어 커다란 규모의 절을 짓고, 불교를 통해서 백성들을 하나로 모으는 등 삼국 가운데에서도 불교문화를 발전시키는 데 앞장섰습니다.

중국 역사책인『주서』*에는 "백제에는 승려와 절과 탑이 많다"라고 기록되어 있습니다. 이를 통해 백제에서 불교가 매우 성행했다는 것을 알 수 있지요. 또한 고려 시대에 편찬된 역사책인『삼국사기』에는 "아신왕이 백성들에게 불법을 믿어 복을 구하라라고 하였다"는 기록도 있습니다. 이렇듯 불교는 백제 왕실의 보호 아래 널리 퍼지게 되었습니다.

> 『주서』 당나라 때 편찬한 북주 역사를 기록한 책.

예산 화전리 사면석불은 우리가 흔히 보는 불상과는 달라 보입니다. 사면석불은 네 면에 모두 불상을 새겨 놓은 특이한 모습입니다. 학자들은 이 사면석불이 불교의 '전륜성왕' 사상과 관련이 있을 것이라고 추측합니다.

전륜성왕은 전설 속에 등장하는 불교의 법을 수호하는 왕입니다. 또한 사방, 즉 모든 세상을 통치하는 왕이기도 합니다. 사람들은 전륜성왕이 세상을 하나로 통일하면 부처님이 세상에 내려와 모두가 행복한 나라를 이룰 수 있다고 생각했습니다.

무령왕에 이어 왕위에 오른 성왕은 무령왕의 뒤를 이어 백제를 발전시키고자 노력했습니다. 성왕은 아버지 무령왕이나 전륜성왕과 같은 왕이 되고 싶었던 것으로 보입니다. 성왕은 전륜성왕이 되어 백제 백성들이 모두 행복한 나라를 만들고자 하는 바람을 가지고 있었던 것 같습니다. 그래서 이곳에 사면석불을 세워 아버지를 이어 백제의 옛 영토를 회복하고 백성들을 풍요롭게 살게 해 주겠다는 의지를 표현한 것으로 추측됩니다.

자, 그럼 사면석불을 직접 만나 볼까요?

전륜성왕을 따라 이름을 지은 성왕

　예산의 사면석불을 세운 것으로 추정되는 성왕은 웅진시대 백제를 다시 강한 나라로 세운 무령왕의 아들입니다. 성왕 역시 아버지와 같은 뛰어난 인물로 무령왕을 이어 백제를 더욱 강대한 나라로 일으켜 세웠습니다. 『삼국사기』에는 이러한 성왕을 "매우 지식이 뛰어나고, 비범하며, 과감한 결단력이 있었다."고 기록하고 있습니다. 또한 『일본서기』라는 책에는 "하늘이 도와 땅의 이치에 통달하여, 그 이름이 세상에 널리 알려졌다."라고 기록했을 정도입니다.
　성왕의 이름은 '명(明)' 혹은 '명농(明農)'으로 성왕 또는 성명왕으로 불렸습니다. 바로 불교에서 세상을 통일한 왕인 전륜성왕을 줄여서 부른 것이지요. 이름까지 전륜성왕을 따라 부를 정도로 성왕은 세상을 통일하고 백제 백성들에게 살기 좋은 나라를 만들어 주고자 하는 의지가 큰 왕이었습니다.

사면석불의 슬픈 이야기

　사면석불은 1983년 발견된 장소에 정자를 지어서 보호하고 있습니다. 그런데 사면에 새긴 부처님의 모습이 이상하지 않나요? 당연히 있어야 할 머리가 떨어져 나가고 없죠? 사면석불을 대하면 가장 먼저 왜 불상의 머리 부분이 없는 걸까 하는 생각이 들 것입니다. 사면의 불상의 머리 부분은 어디로 사라진 것일까요?
　불교는 삼국시대에 이어 고려 시대에도 나라에서 받들고 기리는 국가 종교였습니다. 그러나 조선 시대에는 불교를 억압하는 정책을 폈지요. 고려 말기

국립공주박물관에 보관 중인 예산 화전리 사면석불 머리
6세기 전반 중국의 왕조인 북조와 남조에서 유행했던 불상의 얼굴 표정을 하고 있다. 세 개 남아 있는 불상의 얼굴은 길쭉한 얼굴에 동그랗게 솟은 상투 모양의 정수리 부분인 육계와 흰 머리카락, 팽창된 뺨과 미소가 특징이다.

머리가 여기 있었구나.

에 이르러 사대부라고 불리는 새로운 학자, 관리들은 유교, 특히 성리학을 받아들이면서 불교를 비판하기 시작했습니다.

  그들은 처음에는 불교 행사가 국가 경제에 나쁜 영향을 미친다고 비판했습니다. 그러다가 불교 승려들이 타락해 재산을 축적한다고 비판하고 결국 불교를 몰아내야 한다고 주장하게 됩니다. 이후 고려가 멸망하고 불교 배척을 주장한 사대부의 대표인 이성계가 조선을 세우면서 조선 시대에는 숭유억불, 즉 유교를 높이 받들고 불교를 억압하는 정책을 펴게 됩니다. 역사학자들은 이 시기에 사면석불의 머리 부분이 훼손당했을 것으로 보고 있습니다.

예산 화전리 사면석불의 수인

사면석불의 수인(부처님의 손 모양)은 오른손은 위로 들어 손바닥을 펴서 밖으로 향한 모습인 시무외인을 하고 있어. 시무외인은 모든 사람의 두려움을 없애 주고 편안함을 주는 힘을 가진다는 의미를 담고 있지. 그리고 왼손은 아래로 내려 손바닥을 밖으로 향한 모습을 한 여원인을 하고 있어. 여원인은 사람들의 어떠한 소원이라도 모두 들어주는 자비를 베푼다는 뜻을 가지고 있어.

두 개의 앉아 있는 불상(좌상)

두 개의 서 있는 불상(입상)

사면석불에 나타난 중국과의 교류 흔적들

사면석불이라는 특이한 형태의 불상은 고구려나 신라에서는 발견되지 않았습니다. 백제 땅이었던 예산군과 연기군에서만 발견되었죠. 그런데 중국에서는 이미 5세기경부터 사면에 불상을 새기는 전통이 있었습니다.

중국에서도 북조*와 남조* 시기의 사면석불이 발견되었습니다. 아마도 당시 중국의 나라들과 활발한 교류를 했던 백제가 삼국 가운데에서 유일하게 사면에 불상을 새기는 양식을 받아들여 발전시킨 것으로 보입니다. 또한 옷 양식과 조각의 특징에서도 중국의 영향을 받았다는 것이 드러납니다.

> **북조** 중국 남북조 시대(420~589)에 중국의 북부를 지배한 북위, 서위, 동위, 북제, 북주의 다섯 왕조를 통틀어 이른다.
> **남조** 중국 남북조 시대(420~589) 남쪽에 한족이 세운 송, 제, 양, 진의 네 나라를 통틀어 이른다.

무령왕과 성왕 시기에 수도인 웅진에서 서해로 가는 중간에 머무르는 곳이었던 예산은 해상권을 되찾아 중국과의 교류를 통해 새로운 백제를 건설하고자 했던 백제의 꿈이 서려 있습니다. 예산에는 백제와 백제 백성들의 평안을 비는 사면석불이 남아 있습니다. 사면석불은 아직까지도 그 땅에 살고 있는 사람들에게 백제의 이야기를 들려 주고 있습니다.

조국 부흥 운동의 첫 불길이 타오른 예산의 임존성

예산에는 사면석불 외에도 백제 부흥 운동의 중심지인 임존성이 남아 있어. 임존성은 예산이 백제 시대에 중요한 지역이었다는 것을 알려 주는 또 하나의 유적이야.

660년 7월, 당나라와 신라의 연합군에게 백제의 사비성이 함락당하게 되었어. 웅진성으로 피신한 의자왕이 항복했고 7백여 년의 역사를 가진 백제는 멸망했어. 그리고 8월 2일에는 신라와 당의 승리를 축

예산 임존성

하하는 잔치가 사비성에서 성대하게 열렸어. 이 자리에서 의자왕은 신라 무열왕과 당나라 장군 소정방보다 아랫자리에 앉아서 술잔을 채워 주는 굴욕적인 일을 당하게 되지. 이 모습을 본 백제의 옛 신하들은 목메어 울지 않은 사람이 없었대.

이 자리에는 항복 대열에 있었던 서른한 살의 장군 흑치상지도 있었어. 그는 망설이지 않고 좌우의 부하들을 데리고 사비성을 빠져나가 지금의 충청남도 예산 지역에 있던 임존성으로 들어갔어. 임존성은 예산의 봉수산 정상과 그 동쪽으로 9백 미터 떨어져 있는 작은 봉우리를 둘러싼 산성이야.

흑치상지 장군은 작은 울타리를 성 외곽에 새로 설치하고 성을 굳게 지켰지. 그런데 열흘이 채 안 되었는데 임존성으로 들어온 백성이 3만 명이나 되었다고 해. 이처럼 예산의 임존성은 백제 사람들이 잃어버린 나라를 찾기 위한 '백제 부흥 운동'의 출발점이 된 곳이야.

이후 백제를 되찾기 위한 백제인들의 저항은 불처럼 일어났어. 하지만 철벽이던 임존성은 당나라에 항복한 흑치상지 장군이 앞장선 당나라 군대에 의해서 무너지게 되었어. 백제를 되찾기 위해 일어섰던 흑치상지 장군의 임존성이 흑치상지 장군에 의해 함락된 슬픈 역사를 간직한 곳이지.

천연의 해상 방어 기지, 서산과 태안

> **체험학습 코스**
> 서산 용현리 마애여래삼존상 → 보원사지 → 태안 마애삼존불

　웅진을 출발한 중국으로 향하는 사신단은 예산에 들러 잠시 머문 뒤 다시 길을 나섭니다. 예산에서 서북쪽으로 가면 현재 서산시가 나오고 더 서쪽으로 가면 망망대해 서해와 맞닿은 태안군에 이르게 됩니다. 서산과 태안은 한반도의 중서부, 충청남도의 서북쪽에 위치해 있습니다.

　삼한시대에 경기도, 충청도, 전라도 지역에는 54개 나라의 연맹체인 마한이 있었습니다. 그중 충청남도에는 16개 나라가 있었는데, 서산과 태안 지방에는 치리국국과 신소도국, 고랍국 등이 있었습니다. 이 나라들은 모두 근초고왕에 의해서 정복되어 백제로 통합되었습니다.

　『삼국사기』에 따르면 백제 시대에 서산 지방에 기군이 있었고, 그 아래에 영현으로 지육현과 성대혜현(태안), 그리고 혜성군(당진군)의 영현이었던 여촌현(서산시 운산)이 있었습니다. 당시 서산 지역은 이 지역을 포함하는 너른 지역을 가리켰던 것으로 보입니다.

　서산은 서쪽으로 튀어나와 있는 태안반도와 연결되어 있습니다. 해상을 항해하는 배들은 튀어나온 태안반도를 보며 자신이 있는 위치를 가늠하기도 했습니

다. 또한 먼 바다에서 육지로 들어올 때 태안의 백화산이나 서산의 팔봉산은 안전한 항해의 길잡이 역할을 했습니다. 일시적이긴 했지만 서산은 백제가 국가 항구로 삼을 만큼 중요한 지역이었습니다.

　서산과 태안은 군사적으로도 중요한 지역이었습니다. 북쪽으로는 아산만의 깊숙한 곳에 있고, 남쪽으로는 안면도와 태안반도 사이의 좁은 만을 통해서 넓은 만으로 들어오게 되어서 물의 흐름이 안정적이었습니다. 밖에서는 내부의 움직임을 볼 수 없기 때문에 수군 함대를 감추어 두고 적을 유인해서 공격하기에도 좋은 위치에 있었습니다. 그래서 백제 웅진시대 말기에 이 지역은 고구려를 막기 위한 방어선의 역할을 하기도 했습니다.

　천연의 해상 방어 기지였던 서산과 태안에는 백제의 미소로 알려진 서산 용현리 마애여래삼존상과 태안 마애삼존불 등 백제 시대 유물, 유적이 지금까지 남아 서해를 지키고 있습니다.

　자, 그럼 먼저 서산의 마애여래삼존상을 만나러 가 볼까요?

서산 용현리 마애여래삼존상 ▶ 보원사지 ▶ 태안 마애삼존불

서산 용현리 마애여래삼존상

충청남도 서산시 운산면 가야산 계곡을 따라 들어가면 커다란 바위 절벽에 거대한 부처님 세 분이 조각되어 있습니다. 바로 '백제인의 미소'라는 별명을 가진 서산 용현리 마애여래삼존상입니다. 국보 제84호로 지정된 이 불상은 서산 마애삼존불이라고도 부릅니다. '마애'라는 말은 '갈 마(磨)', '벼랑 애(崖)', 즉 벼랑을 갈아 새겼다는 의미입니다. 마애불은 암벽을 조금 파고 들어가 커다란 돌을 갈고 쪼개어 새긴 불상입니다.

오랜 세월 비와 바람을 견디고도 여전히 간직하고 있는 넉넉한 부처님의 미소 때문일까요? 서산 마애삼존불은 편안하고 안전하다는 느낌이 들도록 해 줍니다. 그래서 이 서산 마애삼존불의 가운데 있는 부처님에게는 '백제인의 미소'라고 하는 별명이 붙여지기도 했습니다. 지금도 그 이름으로 널리 알려져 있습니다.

백제인들의 소망을 간직한 부처님

서산 마애삼존불은 가야산 계곡의 인바위라고 불리는 거대한 바위의 한 면

에 조각되어 있습니다. 어떻게 이런 곳에 불상을 새길 수 있었는지 백제 장인의 놀라운 솜씨에 감탄사가 절로 나올 지경이지요.

자세히 살펴보면 가운데에는 세 불상의 중심인 석가여래입상이 새겨져 있습니다. 그리고 오른쪽에는 반가사유상, 왼쪽에는 보살상이 새겨져 있습니다.

가운데에 있는 석가여래입상은 부처님의 이름인 석가모니의 '석가'와 고통 받는 사람들을 위하여 이 세상에 왔다는 의미의 '여래(如 같을 여, 來 올 래)', 서 있는 모습이라는 뜻의 '입상(立 서다 입, 像 모습 상)'이 합쳐진 말입니다. 즉, 부처님이 서 있는 모습이지요.

오른쪽의 반가사유상은 왼발은 내리고 오른발은 그 무릎 위에 얹는 방법인 반가좌법으로 앉아서, 오른쪽 팔꿈치로 무릎을 짚고 그 손가락으로 오른쪽 뺨

석가여래입상의 얼굴
살이 오른 얼굴, 반원형의 눈썹, 살구씨 모양의 눈, 넓고 나지막한 코, 미소를 띤 입과 둥글고 풍만한 얼굴 모양 등 자비로운 부처님의 얼굴을 가장 잘 표현하고 있다. 소박한 미소를 보면 이 불상이 백제인의 미소라 불리는 이유를 알 수 있다.

을 고이며 생각하는 자세로 앉아 있는 불상을 말합니다. 왼쪽은 보살상인데, 보살은 불교에서 깨달음을 얻어서 모든 사람을 구하고자 하는 사람을 뜻합니다.

서산 마애삼존불과 마주하면 석가여래입상 부처님의 은은하고 온화한 모습에 절로 미소를 머금게 될 것입니다. 석가여래입상의 미소를 고졸하다고 표현합니다. '고졸'하다는 말은 소박하고 예스럽다는 뜻입니다. 미소와 함께 백제인들의 옷을 표현했다고 알려진 옷자락, 부처님의 머리 뒤에 조각된 연꽃무늬와 불꽃무늬, 불꽃무늬 안에 조각된 불보살(부처와 보살을 아울러 이르는 말)은 풍성한 느낌이 들게 합니다.

양옆의 반가사유상과 보살상 역시 미소를 띤 부드러운 표정을 하고 있습니다. 그저 그 앞에 서기만 해도 품어 안아 위로해 줄 것 같은 모습이지요. 왜 사람들이 서산 마애삼존불을 보고 싶어 하는지 알 수 있을 것 같습니다.

그리고 백제 사람들이 이 불상을 세우면서 바라던 것이 무엇인지도 알 수 있을 것 같지 않나요? 거친 바다를 항해하거나 바다에 나가 적과 싸워야 하는 불안한 사람들, 모든 백성들에게 넉넉한 미소로 지켜줄 테니 안심하라고 말하는 듯합니다.

불교문화의 영향을 받는 당대의 부처님 얼굴 표정

부처님의 얼굴 표정은 당대의 불교 문화와 분위기에서 많은 영향을 받는다고 해. 통일신라 시대의 불상을 보면 엄숙한 느낌이 들어. 그 이유는 통일신라 때는 교종이라는 불교의 종파가 유행했기 때문이야. 교종은 참선보다 교리를 중시하는 불교의 종파로 매우 엄격해.

반면에 고려 시대에는 교종 대신에 선종(수행과 깨달음을 중시)이 유행했어. 따라서 고려 시대에는 친근한 모습의 부처님이 많이 등장해.

백제 시대의 불교 역시 당시의 부처님의 표정을 통해 분위기를 확인해 볼 수 있어. 백제에서는 율종이라고 하는 엄격한 계율을 중시하는 불교가 중심이었어. 그런데 왜 백제 불상에는 친근하고 온화한 미소를 띠는 것일까? 왜냐하면 불교가 백제 백성들에게 퍼지면서 백성들의 고단한 삶을 돌봐 주는 미륵사상 등이 유행하면서 친근한 모습의 불상을 많이 만들었기 때문이야. 백성들이 불교를 받아들이기 쉽게 백제인의 모습을 한 익숙한 불상을 만든 거지. 서산 마애삼존불의 옷은 중국 양나라 때 그린 〈양직공도〉에 나타난 백제 사신의 옷과 닮았어.

통일신라 시대 불상인 석굴암 본존불

왜 서산의 가야산 깊숙한 곳에 불상을 새겼을까요?

서산의 가야산 깊숙한 곳에 불상을 새긴 이유는 무엇일까요? 그 이유를 알기 위해서는 서산의 위치에 주목해 볼 필요가 있습니다. 태안에서 수도인 사비(부여)로 가는 길목에 위치해 있었던 서산은 군사적으로 중요했을 뿐 아니라 중국과의 교류에도 중요한 지역이었습니다. 충청남도 예산군 덕산면과 서산시 운산면, 해미면에 걸쳐 있는 산인 가야산의 계곡은 육로를 통해 사비성으로 가는 지름길이기도 했습니다. 이곳을 지나 전투에 나가는 군사들, 중국으로 오고 가는 상인과 사신들의 안전을 기원하기 위해 이곳에 불상을 만든 것으로 추측됩니다. 이는 불상의 손 모양을 통해서도 알 수 있습니다. 부처님의 손 모양을 수인이라고 합니다.

본존불인 석가여래입상의 수인은 시무외인(施 베풀 시, 無 없을 무, 畏 두려워할 외, 印 손모양 인)과 여원인(與 함께 여, 願 바랄 원, 印 손모양 인)의 형태를 취하고 있습니다. 시무외인은 '두려움을 없애 준다'는 의미이며, 여원인은 '원하는 바가 이루어진다'는 뜻입니다. 어떤 위험이 기다리고 있을지 모르는 거친 바닷길을 오가며 무역을 하는 상인들이나 전쟁터에서 적들과 맞서 싸우는 병사들이 고향으로 안전하게 돌아오기를 바라는 마음을 담고 있는 것입니다.

또한 학자들은 서산의 가야산은 백제의 청년들이 마음과 몸을 갈고 닦았던 곳으로도 추측합니다. 신라의 화랑, 고구려의 경당과 같은 청소년을 교육하는 기관이 백제에도 있었다는 기록은 없습니다. 하지만 중국의 역사책인 『주서』의 「백제전」에는 "백제 사람들은 말 타고 활 쏘는 것을 중요하게 여기고 옛글과 역사책을 읽기를 좋아하였다."는 기록이 남아 있습니다. 이를 통해 백제 시대에도 청소년들을 교육했을 것으로 추측됩니다. 이러한 청소년의 몸과 마음의 훈련과 교육은 주로 산과 강을 돌아다니면서 이루어졌을 것입니다. 역사학자들은 서산 마애삼존불이 있는 가야산 역시 그런 곳 가운데 하나였을 것으로 짐작하고 있습니다.

백제의 청소년들이 삼존불을 모시면서 부처님처럼 온화한 심성을 길러서 모든 백성이 편안한 부처님 세상을 만드는 데 기여하기를 바랐던 것으로 생각됩니다.

누가, 언제 새겼을까요?

서산 마애삼존불은 백제 불상 가운데에서도 조각 기법이 매우 뛰어납니다. 그리고 불교 양식에 따라 불상을 충실히 만든 것으로 알려져 있습니다. 이로 미루어 보아 역사학자들은 이 불상이 일반 백성이나 부자 상인이 아닌 왕실이나 중앙의 귀족이 뛰어난 장인을 파견해서 만들었을 것으로 짐작하고 있답니다.

서산 마애삼존불은 언제 만들어졌을까요? 서산 마애삼존불을 만든 시기를 알기 위해서 학자들은 중국의 불상과 비교해 보기도 합니다. 중국에서 불교가 들어오면서 불상 양식도 함께 들어왔기 때문이지요. 중국의 불상과 비교해 보면 서산 마애삼존불의 옷차림은 중국 양나라의 영향을 받았고, 풍만한 조각

> **북제**(550~577) 중국 남북조 시대에 고양이 동위의 효정제를 몰아내고 세운 나라.
>
> **수나라**(581~618) 중국 남북조 시대의 혼란을 진정시키고 분열된 중국을 통일한 왕조.

양식은 북제*의 불상에서 보이는 특징이 드러난다고 합니다. 그리고 수나라*의 불상에서 보이는 세련된 조각의 특징도 보이고 있습니다.

하지만 가운데에 모신 본존불의 양옆에 서로 다른 보살상과 반가사유상을 모신 형태는 중국에서는 발견되지 않는 백제만의 것이라고 합니다. 이 모든 특징들을 고려해 볼 때 서산 마애삼존불은 7세기 초반에 새긴 것으로 추측됩니다.

자연의 커다란 바위 위에 새긴 자비로운 미소의 서산 마애삼존불은 해가 있는 위치에 따라 빛이 비추는 정도가 달라지면서 마치 살아 있는 듯 표정이 자연스럽게 변화하는 것을 볼 수 있습니다.

이른 아침 살짝 미소만 머금다가 오후의 내리쬐는 햇빛 아래에서는 입꼬리를 올려 활짝 웃는 모습을 하고 있습니다. 하지만 해가 저물고 달이 뜨면 불상 아래에 켜진 촛불과 함께 다시 본연의 근엄한 얼굴로 돌아갑니다. 자연과 어울린 최고의 불상 작품이 탄생한 것이지요. 서산 마애삼존불은 백제 장인들의 뛰어난 기술을 엿볼 수 있는 아름다운 작품입니다.

다음은 보원사지로 출발!

서산 마애삼존불은 어떻게 발견되었을까?

백제인의 미소, 서산 마애삼존불은 발견된 지 채 50년이 되지 않았어. 오랫동안 숨겨져 있던 백제인의 미소는 어떻게 발견되었을까? 그 이야기 한번 들어 볼래?

원래 서산의 가야산 일대는 불교가 꽃피운 지역이었지. 그래서 당시 국립부여박물관 관장이던 홍사준 선생님은 고대 불교의 흔적을 찾아 가야산 일대를 조사하기로 했어. 하지만 기대와 달리 아무것도 발견하지 못했어.

몹시 실망해 있던 차에 지나가는 나무꾼을 만나게 되었어. 선생님은 혹시 몰라 나무꾼에게 "이 근처에 혹시 불상이나 탑이 있소?"라고 물었어. 그런데 뜻밖의 대답이 나왔어. 나무꾼은 느릿느릿한 말투로 "부처님이나 탑 같은 것은 못 봤지만유, 저 인바위에 가믄 환하게 웃는 산신령님이 한 분 있는디유. 양옆에 본마누라와 작은마누라도 있지유. 근데 작은마누라가 의자에 다리 꼬고 앉아서 손가락으로 볼따구를 찌르고 슬슬 웃으면서 용용 죽겠지 하고 놀리니까 본마누라가 장돌을 쥐어박을라고 벼르고 있구만유. 근데 이 산신령 양반이 가운데 서 계심시러 본마누라가 돌을 던지지도 못하고 있지유"라고 말하는 것이었어.

그 말을 들은 선생님은 얼른 나무꾼이 일러 준 계곡으로 올라가 보았어. 그곳에 바로 서산 마애삼존불, 세 불상이 새겨진 커다란 바위가 떡하니 버티고 서 있었던 거지.

'산신령과 두 마누라' 이야기를 듣고 마애불을 발견한 홍사준 선생님은 문화재를 찾아냈다는 기쁨과 함께 터져 나오는 웃음을 참을 수가 없었어. 나무꾼이 들려준 산신령과 두 마누라 이야기 속의 모습과 삼존불의 모습과 똑같았기 때문이야. 중앙의 본존불은 산신령이었고, 본마누라는 본존불 오른쪽에 서 있는 보살상, 작은마누라는 왼쪽에 다리를 꼬고 턱을 괴고 앉아 있는 반가사유상이었던 거지.

이렇듯 가야산 계곡의 한쪽 귀퉁이에서 보살을 마누라로 두면서 산신령 노릇을 하던 백제 불상은 세상에 알려지게 되었어. 그리고 백제 문화의 우수성을 알리는 귀한 보물로 다시 우리 품에 돌아오게 된 거야.

서산 용현리 마애여래삼존상 ▶ **보원사지** ▶ 태안 마애삼존불

보원사지

　서산 용현리 마애여래삼존상에서 모신 곳에서 계곡을 따라 조금 내려가면 보원사의 옛터가 나타납니다. 보원사가 언제 세워져 언제 없어졌는지는 기록이 없어 정확히 알 수 없습니다. 다만 아주 가까운 거리에 서산 마애삼존불이 있고, 절터의 남쪽에서 백제 시대에 만든 금동여래입상이 발견된 점으로 미루어 백제 시대에 창건되어 고려 초기에 다시 넓혀 지은 것으로 추측됩니다.

　보원사는 발굴이 진행 중에 있습니다. 발굴 조사가 완료되면 보원사에 대한 비밀을 풀 수 있을까요?

보원사지 전경

보원사지 금동여래입상

1966년 4월, 보원사지 중심부에서 남쪽으로 약 2백 미터 떨어진 산속 절벽 위 밭에서 금동여래입상이 출토되었어. 이 불상은 보원사가 백제 시대에 창건된 사찰임을 알려 주는 귀중한 유물이야. 또한 지금까지 발견된 백제 불상 가운데 가장 오래되었지.

조용하게 가라앉은 얼굴 표정, 옷 주름의 처리 방식 등은 중국 북위(386~534) 말에서 동위(534~550) 초의 불상 양식을 따르고 있어. 그래서 학자들은 금동여래입상이 태안반도를 통해서 들어온 중국 불상의 영향을 받아 이 지역에서 제작되었을 것으로 추측해. 그리고 서해를 건너 도착한 태안에서 사비성으로 가는 길목에 위치한 보원사에 모신 불상으로 추측해.

두꺼운 도금과 세밀한 조각은 금동여래입상이 우수한 불상이라는 점을 보여 줘. 갸름하고 긴 얼굴은 약간 앞으로 숙이고 있으며, 반달형의 눈썹, 은행 알 모양의 두 눈은 약간 아래로 뜨고 있어. 코와 입이 많이 부서져서 정확히 알 수 없지만 입가에는 백제 특유의 은은한 미소를 띠고 있는 듯 보여. 양손은 자연스럽게 시무외여원인의 손 모양을 하고 있어.

높이 9센티미터로 6세기 중반에 만들어졌을 것으로 추정된다.

시무외여원인(施無畏與願印)은 모든 사람의 두려움을 없애 주고 편안함을 준다는 의미를 가진 시무외인과 모든 사람의 소원을 들어 준다는 의미를 가진 여원인이 합쳐진 거야. 즉 모든 사람의 두려움을 없애 주고 소원을 들어 주는 의미를 가진 손 모양이 바로 시무외여원인이야. 시무외여원인은 오른손은 하늘을 향하고, 왼손은 땅을 향하는 자세를 하고 있어.

서산 용현리 마애여래삼존상 ▶ 보원사지 ▶ **태안 마애삼존불**

태안 마애삼존불

서산 용현리 마애여래삼존상과 보원사지에서 나와 서해를 향해 곧장 40여 킬로미터를 달리면 너른 서해를 한눈에 내려다볼 수 있는 태안의 백화산에 도착합니다.

사비성에서 출발해 중국으로 가는 사신이나 상인들은 배에 짐을 싣고 떠날 채비를 합니다. 그리고 무사히 항해를 마치고 돌아오는 사람들이 도착해서 짐을 내리기도 합니다. 이곳은 바로 서해의 중요한 항구 태안입니다.

백화산에 오르면 태을암이라고 하는 암자가 하나 있습니다. 그곳에 바로 태안 마애삼존불이라고 불리는 세 분의 부처님이 모셔져 있습니다. 국보 제307호로 지정된 또 하나의 백제 불상입니다.

바다를 돌보는 돌부처

충청남도 태안군 태안읍 동문리 백화산에 위치한 태안 마애삼존불은 바위를 깎아 만든 마애불 가운데 가장 오래되었습니다. 백화산의 태을암, 태안 마애삼존불이 있는 곳에서 내려다보면 쫙 펼쳐진 서해가 한눈에 들어옵니다.

백화산의 태을암에서 내려다본 전경

　이곳에 서면 태안이 서해를 무대로 중국의 여러 나라와 왜 등과 교류와 교역을 주도하고, 해상권을 놓고 고구려군과 치열하게 다투던 백제 사람들을 떠올리게 됩니다. 그리고 태안이 중요한 거점 지역이었다는 것을 알 수 있습니다.

　또한 백제인들이 해상에서의 안전함을 기원하기 위해 태안 마애삼존불을 만들었다는 것을 짐작할 수 있습니다. 이는 서산을 통해서도 알 수 있죠. 서산은 해상과 내륙을 이어 주는 곳에 위치해 있습니다. 사람들은 그곳에 마애삼존불을 만들어 육지와 바다를 오고 가는 사람들의 안전함을 기원하고 아름다운 산과 강을 무대로 몸과 마음을 단련하던 청소년들을 하나로 묶어 주는 역할을 했습니다. 서해의 중요한 항구였던 태안 역시 백제 사람들의 안전을 기원하기 위해 마애삼존불을 만들었던 것으로 보입니다.

이곳에 서서 바다를 내려다보며 그 바다에서 활동하는 백제인들을 굽어 살펴보고 계시는 부처님을 만나 볼까요?

삼존불은 누구누구일까?

서산의 마애삼존불과 태안의 마애삼존불은 모두 세 분의 부처님을 모시고 있잖아. 그럼, 삼존불은 누구누구를 가리킬까?

우리나라의 사찰을 둘러보면 대부분의 법당에 부처님이 한 분만 계신 것이 아니고 양옆에 보살 즉, 협시불을 모시고 있어. 특히 우리나라에 가장 많은 석가모니를 모시고 있는 대웅전에는 본존불인 석가모니 부처님과 양옆에 문수보살과 보현보살을 모시는 것이 일반적이야.

문수보살은 지혜를 상징하고, 보현보살은 수행을 상징한다고 해. 두 보살은 각기 서로를 돌아보면서 부족한 점을 살핀다는 점에서 깨달음을 중요시하는 불교의 가르침을 상징해. 그리고 마지막으로 중앙의 석가모니 부처님은 이러한 보살들의 장점을 모두 가지고 있는 부처님이야. 두 보살은 가운데에 계신 석가모니 부처님을 더욱 완성된 존재로 만드는 의미를 가지고 있어.

키 큰 부처님, 키 작은 부처님

태안 마애삼존불은 가운데에 관음보살상을 두고 양쪽에 석가여래입상을 두고 있습니다. 우선 가장 눈에 띄는 것은 양쪽에 서 있는 두 불상보다 가운데 있는 보살상의 크기가 작다는 점입니다. 오른쪽에 있는 불상은 2미터 50센티미터이고, 왼쪽에 있는 불상은 2미터 40센티미터입니다. 그에 비해 가운데에 새겨진 관음보살상은 1미터 80센티미터로 두 불상보다 키가 작습니다.

서산 마애삼존불에서 보았듯이 일반적인 형태의 삼존불상은 가운데에 중심인 불상을 두고, 양쪽에 그를 보좌하는 두 분의 불상을 두는 것입니다. 서산의 마애삼존불은 중앙의 본존불을 보좌하는 양쪽 부처님을 각기 다른 불상을 두었습니다.

반면에 태안의 마애삼존불은 가운데에 작은 관음보살상을 새기고 양쪽에 비슷한 구조의 불상을 새겼습니다. 마치 두 분의 부처님이 보살을 보호하고 있는 것처럼 말이죠. 이러한 형태는 매우 특이하고 보기 힘든 배치입니다.

백제 사람들은 왜 석가모니 부처님이 아닌 관음보살을 가운데에 새겼을까요?

관음보살상을 가운데에 모신 이유

불교에서 관음보살의 역할을 주목해 본다면 그 이유를 알 수 있지 않을까요? '관음보살' 또는 '관세음보살'이라고 불리는 이 보살은 세상의 모든 소리를 듣고 사람들의 괴로움을 없애 준다고 알려져 있습니다. 사람들은 관음보살을 부르면 괴로움에서 벗어날 수 있다고 생각했지요.

또한 관음보살은 바다에서 폭풍을 만났을 때도 괴로움을 없애 준다고 생각했습니다. 그래서 바다에 나가 일을 했던 소박한 사람들이 자신들의 고통을 해결해 줄 수 있는 힘을 가진 관음보살을 중앙에 모신 것으로 추측됩니다.

불상을 만드는 일반적인 양식에서 벗어나 있는 태안 마애삼존불의 형태로 미루어 누가 만들었는지를 추측해 볼 수 있습니다. 태안 마애삼존불을 만든 사람들은 자신들의 간절한 마음을 부처님이 알아주기를 바라지만 불교 교리나 불상 양식에 그다지 밝지 않았을 것입니다.

서산 용현리 마애여래삼존상은 왕실이나 귀족의 지시로 수도의 뛰어난 장인이 만들었을 것으로 추측됩니다. 반면에 태안 마애삼존불은 이 지역을 기반으로 해상에서 활동하는 사람들이 자신들의 소원을 담아 만든 소박한 불상으로 추측됩니다. 또한 태안 마애삼존불은 서산 용현리 마애여래삼존상에 비해 덜 세련되고 형식미도 많이 떨어지지요. 물론 아직 이를 뒷받침할 만한 자료가 나오지 않아서 분명하게 밝히기는 어렵습니다.

언제, 어떻게 만들었을까요?

백제의 거의 모든 유적들이 그렇듯이 태안 마애삼존불 역시 중국의 불상 양식에 영향을 받았습니다. 그러나 그대로 따라한 것이 아니라 백제의 다른 불상과 마찬가지로 백제만의 기법으로 더욱 풍부하게 발전시켰습니다.

태안 마애삼존불이 만들어진 시기를 알기 위해서는 불상 양식을 살펴봐야 합니다. 태안 마애삼존불은 중국의 북제(550~577)나 수나라(581~618) 불상의 영향을 받은 것으로 보입니다. 큰 바위에 세 부처님을 조각하고, 그 위에 나무로 집을 만들어 보호한 것은 중국 북위* 말, 산둥 지방에서 유행하던 마애석굴의 영향을 직접적으로 받은 것으로 보고 있습니다. 그렇지만 태안 마애삼존불은 좀 더 위풍당당하게 부처님을 표현함으로써 부처님의 위엄을 더 잘 드러내고 있습니다.

> **북위**(386~534) 중국 위진남북조 시대(220~589)의 북조 최초 나라로 선비족 탁발씨가 세웠다.

불상의 조각 기법 등으로 미루어 볼 때 태안 마애삼존불은 7세기 초에 만든 것으로 추측됩니다.

태안 마애삼존불은 누구일까?

중앙의 관음보살상

얼굴의 눈, 코, 입은 심하게 부서져서 표정을 알 수 없어. 하지만 볼록한 양 볼이 뚜렷해 미소를 엿볼 수 있지. 가슴 부근에서 오른손을 위로, 왼손을 아래로 하여 보물인 구슬을 감싸 들고 있어.

양쪽의 여래입상

두 여래입상은 장대하고 당당한 체구에서 힘과 위엄이 흐른다는 점에서 비슷해. 그러나 오른쪽의 불상은 중국 북위 불상의 옷차림을 하고 있어. 반면에 왼쪽은 중국 북제 불상 양식의 옷차림을 보이고 있어. 그리고 왼쪽의 여래입상은 작은 단지를 들고 있어서 약사여래(질병을 고쳐 주는 부처님)로 보며 오른쪽 여래입상은 시무외여원인의 수인을 하고 있는 아미타여래로 보고 있어.

지금까지 예산과 서산, 태안의 백제 유적을 살펴보았습니다. 이곳에 남겨진 사면석불과 마애삼존불 등은 웅진시대와 사비시대에 이곳이 백제의 중요한 지역이었다는 것을 알려주고 있습니다. 이들 유적을 통해서 무령왕과 성왕 시대 서해를 무대로 중국, 왜 등과 활발히 교류함으로써 발전해 나간 해상 국가 백제와 백제인의 모습을 그려 볼 수 있었습니다.

예산과 서산, 태안에 남겨진 불상들에는 백제 사람들의 다양한 소망이 깃들어 있습니다. 해상에서의 안전을 빌고, 고구려군과의 해상 전투에서 승리하기를 바라는 마음, 모든 백성의 안녕을 비는 마음 등입니다. 천오백여 년 전의 불상 앞에 선 우리에게도 그 바람이 느껴집니다.

천오백여 년 전 백제인의 바람대로 백제는 웅진, 사비시대 다시 한 번 전성기를 맞게 되었습니다. 그럼 그다음에는 어떻게 되었을까요? 백제 무왕 시대 유적지로 발걸음을 옮겨 볼까요?

체험학습 2

백제 말기
새로운 꿈을 펼치다

▶▶ 익산

백제의 제30대 왕인 무왕은 600년부터 641년까지 42년간 백제를 다스렸습니다. 『삼국사기』에 따르면 무왕은 풍모가 뛰어나고, 뜻과 기상이 영웅답게 웅대하고 훌륭했다고 합니다.

성왕의 아들인 위덕왕 이후 혜왕과 법왕이 왕위에 오래 머물지 못하면서 나라 안팎의 상황은 점차 나빠지고 있었습니다. 영토와 세력이 줄어드는 어려운 상황에서 왕위에 오른 무왕은 내부의 혼란을 안정시키고 백제의 위협이 될 정도로 세력이 커진 신라에 대해 공격을 펼치기도 합니다.

『삼국사기』에는 백제가 무왕 시기 신라와 열네 차례에 걸쳐 전투를 했다는 기록이 있습니다. 백제는 624년에 신라를 공격해 신라의 성 여섯 개를 빼앗기도 했습니다. 또한 중국의 당나라와도 가까이 지내면서 교류했습니다. 무왕은 624년에 당나라 고조로부터 대방군왕 백제왕으로 책봉되기도 했습니다. 무왕은 왜와도 친하게 지내면서 문화 교류를 활발히 한 훌륭한 왕이었습니다.

고려 시대 편찬된 역사책인 『삼국유사』에는 무왕이 법왕의 왕비에게서 태어난 아들이 아닌 것으로 기록되어 있습니다. 그래서 무왕은 어린 시절 사비의 왕궁이 아닌 익산 지역에서 자란 것으로 보입니다. 이러한 혈통은 무왕이 왕권을 굳건히 하는 데 문제가 될 수밖에 없었습니다. 이러한 성장 배경 때문에 무왕은 수도인 사비 귀족 세력들의 지지를 얻기가 쉽지 않았습니다. 무왕에게는 이들 세력 말고 자신을 지지해 주고 왕의 지위를 굳건히 해 줄 새로운 세력과 지역이 필요했습니다. 그래야만 왕권을 지켜 나라를 안정시킬 수 있다고 생각했던 거지요.

무왕은 자연스럽게 어린 시절을 보낸 익산을 생각하게 되었습니다. 익산은 수도인 사비와도 가깝고 너른 평야와 강이 있는 풍요로운 지역이었습니다. 이런 이유 때문에 지금도 익산 지역에는 무왕과 관련된 많은 유적과 유물이 남아 있습니다.

　이제부터 백제 후기 훌륭한 왕으로 꼽히는 무왕의 이야기를 찾아 익산으로 떠나 보겠습니다.

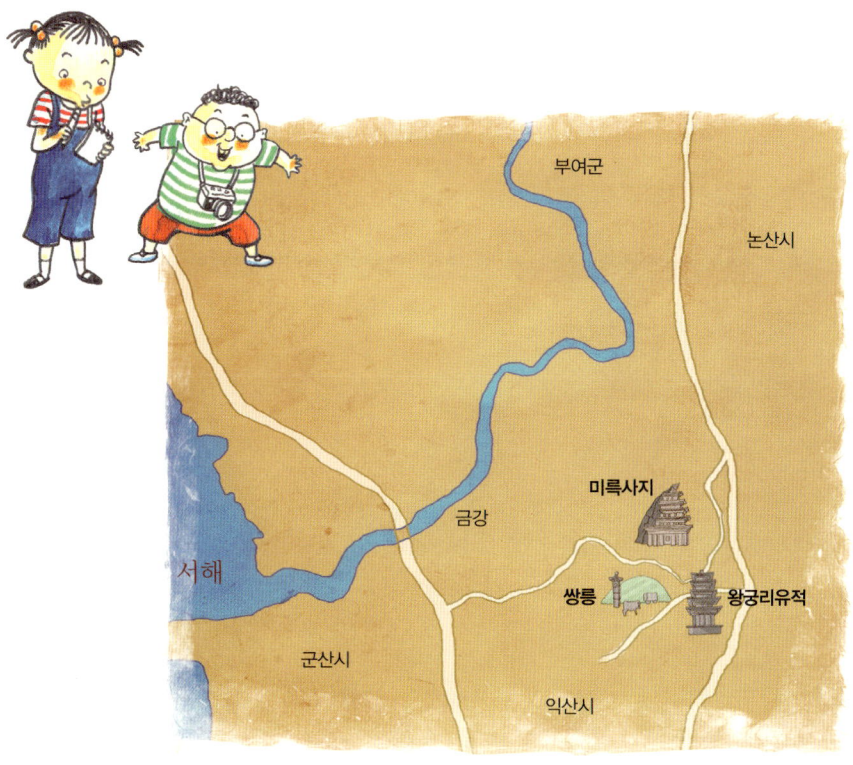

● 무왕 시대, 익산

> **체험학습 코스**
> 미륵사지 → 왕궁리유적 → 쌍릉

　전라북도 서북쪽 끝에 위치한 익산은, 동쪽으로 노령산맥 자락의 천호산과 미륵산이 아름다운 산세를 이루고 있습니다. 또한 서북부의 함라산 줄기가 이어져 남서로 향하는 구릉 지대가 펼쳐지고 크고 작은 하천이 비옥한 평야를 이루고 있습니다. 북으로는 금강을 사이에 두고 충청남도 논산시와 부여군에 닿아 있고, 서쪽에는 옥구 평야가 펼쳐져 있으며, 남쪽에는 만경강을 두고 김제 평야에 접하고 있습니다.

　비옥한 평야 지대에 위치한 익산은 일찍부터 농경이 발달해 청동기시대부터 많은 사람이 살기 시작했습니다. 서해와 옥구, 김제 평야를 어머님 품안으로 껴안고 있는 모습의 익산은 사방으로 통하는 교통의 중심지로 오래전부터 문화가 발달했습니다. 요컨대 익산은 청동기시대부터 수로와 육로의 교통이 발달한 호남의 문화 중심지였습니다.

　익산은 삼국시대 이전부터 역사의 중심 무대에 등장합니다.『삼국유사』에는 위만에 쫓겨 남쪽으로 내려간 고조선의 준왕이 이곳에서 마한을 세웠다는 기록도 있습니다. 물론 그 후보지로 여러 곳이 이야기되지만 다른 역사 기록들을 보면 준왕이 나라를 세운 곳이 익산일 가능성이 높다고 합니다. 고조선 준왕이 익산에서 한왕이 된 후에 마한의 건마국이 세워졌고, 백제에 통합된 후에는 금마저라고 불렸을 것으로 추정됩니다. 지금도 금마군이라는 지명이 내려오고 있습니다.

익산은 백제 무왕과 관련이 깊은 곳으로 알려져 있습니다. 백제 무왕은 풍모가 뛰어나고, 뜻과 기개가 높은 영웅의 자질이 있었지만 어린 시절 마를 캐며 자랐다는 이야기에서 보듯이 왕권의 기반은 약했습니다. 하지만 무왕은 왕으로서 백성과 나라를 위한 원대한 포부를 가지고 있었습니다. 그런 무왕이 수도 사비의 귀족 세력에 맞서 꿈을 펼치고자 했던 곳이 바로 익산입니다.

무왕의 꿈과 열정이 깃든 곳, 익산에는 왕궁의 자리가 있었던 왕궁리유적과 설화 속에 등장하는 백제 최대 사찰이 있었던 미륵사지, 무왕과 그 왕비의 무덤으로 알려져 있는 쌍릉 등의 유적이 남아 있습니다.

그럼 먼저 백제 최대의 사찰이었던 미륵사지로 떠나 볼까요?

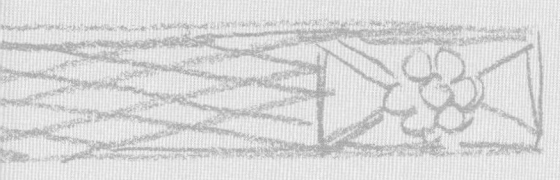

서동과 선화공주 이야기

『삼국유사』에는 백제 무왕에 대한 이야기가 실려 있어.

백제 제30대 왕인 무왕의 이름은 장인데, 그의 어머니가 용과 정을 통해 낳았다고 해. 어릴 때 무왕은 재주가 많고 마음이 넓었고, 마를 캐서 생계를 이어 나갔지. 그래서 서동(薯마 서, 童아이 동)이라는 이름이 붙었어. 서동은 신라 진평왕의 셋째 공주인 선화가 매우 아름답다는 이야기를 듣고 아이들에게 마를 주고 다음과 같은 동요를 부르게 했다고 해.

'선화공주님은 남몰래 서동과 정을 통하고 밤에 몰래 나와 서동을 안고 간다.'

동요는 신라에까지 퍼졌어. 신하들에게 이 이야기를 들은 진평왕은 딸인 선화공주를 멀리 귀양 보내기로 했어. 귀양을 가는 선화공주에게 왕후는 순금 한 돈을 주었어. 선화공주가 귀양을 간다는 이야기를 들은 서동은 선화공주를 찾아갔어. 선화공주는 서동을 잘 알지도 못하면서 그를 따라갔어. 그리고 둘은 부부가 되었지. 선화공주는 서동에게 어머니가 준 순금을 건네주며 앞으로 어떻게 살아갈지 계획을 세우자고 했어. 서동은 크게 웃으며 자신이 마를 캐던 곳(익산)에 황금을 흙덩이처럼 쌓아 두었다고 말했어. 선화공주는 매우 놀라며 "이것은 천하에 다시없는 보물이랍니다. 당신이 금이 있는 곳을 아신다면 그 보물을 우리 부모님께 보내 드리면 어떨까요?"라고 말했고 서동도 흔쾌히 허락했어.

서동은 금을 산더미처럼 모아 쌓아 놓고 용화산에 있는 사찰인 사자사에 머물고 있던 지명법사에게 가서 금을 보낼 방법을 물어보았어. 서동은 선화공주가 쓴 편지와 함께 금을 지명법사 앞에 가져다 놓았어. 지명법사는 도술을 부려 하룻밤 새 신라 궁궐에 그것을 옮겨 놓았어. 서동은 이때부터 인심을 얻어 마침내 왕위에 오르게 되었다고 해.

이 이야기는 백제와 신라 사이의 화해를 의미해. 또한 무왕이 익산 지역을 기반으로 해서 왕위에 올랐다는 것을 의미하기도 하지.

미륵사지

익산에서 가장 먼저 만나 볼 곳은 미륵사지입니다. 미륵사지는 전라북도 익산시 금마면 기양리에 우뚝 솟은 미륵산 아래에 있습니다. 미륵사지는 미륵사가 있었던 터를 말합니다. 지금은 폐허이지만 백제 시대에는 미륵사라는 큰 사찰이 있었습니다.

미륵사지는 지금까지 발견된 백제의 절터 가운데 가장 큰 규모의 백제 석탑이 남아 있습니다. 미륵사지 석탑은 부여의 정림사지 탑과 함께 남아 있는 두

미륵사지 전경

개의 백제 탑 가운데 하나입니다.

『삼국유사』에 따르면 미륵사는 백제 무왕이 세웠다고 합니다. 고대 국가에서는 국가가 중심이 되어 사찰을 세웠습니다. 사찰은 종교적 의미도 있었지만 왕의 힘을 드러내는 매우 중요한 국가 사업이었습니다. 따라서 백제 최대 규모인 미륵사를 익산에 세웠다는 건 익산이 무왕의 왕권 확립에 중요한 곳이었다는 것을 짐작하게 합니다.

미륵사지에 들어서면 먼저 미륵사지유물전시관에 가 보는 것이 좋습니다. 그래야 백제 최대 사찰인 미륵사의 역사를 한눈에 알 수 있기 때문입니다. 지금부터 백제 무왕의 꿈을 간직한 미륵사지로 떠나 볼까요?

미륵사 창건 설화

『삼국유사』에는 미륵사 창건에 대한 내용이 기록되어 있어.
  어느 날 무왕은 왕비와 함께 사자사(익산 미륵산에 있었던 사찰)에 가고 있었어. 그들은 도중에 용화산(현재 미륵산) 아래 큰 연못가에 이르렀어. 그런데 갑자기 연못 한가운데에서 미륵삼존이 나타났어. 무왕과 왕비는 가던 길을 멈추고 절을 했지. 왕비가 무왕에게 다음과 같이 말했어.
  "여기에 큰 절을 지어 주십시오. 그것이 제 소원입니다."
  무왕은 왕비의 말을 들어주기로 했어. 그곳에 절을 짓기 위해서는 연못을 메워야 하잖아. 그래서 무왕은 지명법사에게 가서 연못을 메울 수 있는 방법을 물었더니 지명법사는 신비스러운 힘으로 하룻밤 사이에 산을 헐어 연못을 메우고 평지로 만들었다고 해. 그리고 그곳에 절을 짓고 절 이름을 미륵사라고 지었다고 해.

미륵사지유물전시관

미륵사지 중앙에는 미륵사지유물전시관이 있습니다. 미륵사지유물전시관은 미륵사지에서 출토된 유물들을 전시하고 보존하기 위해 1997년 문을 열었습니다. 이곳에는 찬란하게 꽃피웠던 백제의 불교문화를 알려 주는 유물들과 미륵사에 대한 이해를 돕기 위한 여러 가지 전시물이 있습니다. 또한 미륵사지에서 출토된 백제 시대 이후 유물과 미륵사의 역사에 대한 자료도 볼 수 있습니다.

미륵사지유물전시관은 크게 중앙홀, 문헌실, 유물실, 건축문화실로 나뉘어져 있습니다.

중앙홀

중앙홀에는 미륵사를 복원해 놓은 모형이 방문객을 반깁니다.

모형을 보면 미륵사지가 백제의 전형적인 사찰과는 조금 다른 가람 배치를 했다는 것을 알 수 있습니다. 가람은 사찰에 있는 탑이나 법당, 석등 등의 건축물이나 조형물을 뜻하는 말입니다. 일반적인 백제 사찰은 하나의 탑에 하나의 금당(부처님을 모신 법당)을 갖추고 있습니다.

그런데 미륵사는 세 개의 탑과 세 개의 금당이 갖추어진 가람 배치를 하고 있습니다. 3불 3탑은 백제뿐 아니라 우리나라 전체에서 하나뿐인 가람 배치입니다. 미륵사는 왜 이런 특이한 가람 배치를 한 것일까요?

그 문제의 해답은 미륵사가 모시는 부처님에 있습니다. 미륵사는 석가모니

모형으로 복원해 놓은 미륵사

부처가 아닌 미륵불을 모셨던 사찰로 추정됩니다. 『삼국유사』에는 무왕이 미륵사를 세울 당시 연못에서 미륵불 세 분이 솟아올랐다고 합니다. 그래서 그 연못을 메우고 미륵사를 지었다고 기록되어 있습니다. 미륵사를 짓고는 석가모니불이 아닌 미륵불을 모신 것이지요.

> **미륵삼존** 가운데에 본존불인 미륵불과 양옆에서 보좌하는 두 보살을 합쳐서 부르는 이름.

불교에서 미륵불은 56억 7천만 년 후에 이 세상에 내려와 보리수 아래에서 세 번 설법을 하고 중생을 구원하는 것으로 알려져 있습니다. 미륵삼존*을 세 개의 금당에 각각 모시고, 각각 세 개의 탑을 세운 것은 미륵불의 세 번의 설법을 상징하는 것으로 추측됩니다.

유물실

유물실에는 미륵사지에서 출토된 유물들과 백제에서 통일신라, 고려, 조선에 이르기까지 미륵사에서의 생활을 엿볼 수 있는 유물이 전시되어 있습니다.

유물실에는 금제사리봉안기, 금제사리호, 금제쪽집게, 금제소형판, 금괴, 금제귀걸이, 도자, 은제관식, 능제과대장식, 원형합, 청동고리, 유리 및 옥 제품 등 500점이 넘는 유물들이 전시되어 있습니다. 또한 백제의 아름다운 연꽃무늬 막새기와와 통일신라 시대로 추정되는 다리가 네 개인 금동향로, 망새 등도 전시되어 있습니다.

망새
새의 깃털같이 생긴 망새는 치미라고도 하며 기와로 만든 지붕의 양쪽 끝을 장식하는 물건이다.

연꽃무늬 기와

복원된 금동향로
네 개의 다리마다 사자의 얼굴이 새겨져 있는 금동향로는 8~9세기 제작된 것으로 추정된다. 백제 금동대향로에 이어 두 번째로 오래된 향로이다. 다리에 짐승이 새겨진 향로는 한반도에서 처음 출토되었다. 뚜껑에는 연꽃과 구름무늬가 장식되어 있다.

백제 말기 새로운 꿈을 펼치다

사리장엄구

2001년 미륵사지 석탑을 해체해 복원하는 도중에 귀중한 유물이 발견되었습니다. 석탑 1층 중앙에 사리*를 보관하기 위해 판 공간인 사리공에서 금으로 된 사리장엄구가 발견된 것입니다. 사리장엄구란 사리함과 사리병을 비롯해 부처의 사리를 보관하기 위한 모든 장치를 말합니다.

> **사리** 부처님이나 고승, 성자의 시신을 가리키기도 하며, 그들의 시신을 화장한 후 나오는 작은 구슬을 가리키기도 한다. 여기서는 구슬을 의미한다.

미륵사지 석탑 사리장엄구에서는 금으로 된 사리봉안기와 사리를 담았던 금으로 된 사리호, 은제관식(은으로 된 모자 장식품) 등 정교하고 아름다운 백제 유물 5백여 점이 발견되었습니다.

금제사리호 표면에는 다양한 문양이 정교하게 새겨져 있습니다. 이는 백제 금속 공예의 우수성을 보여 줍니다. 금제사리봉안기에는 백제 왕후가 미륵사

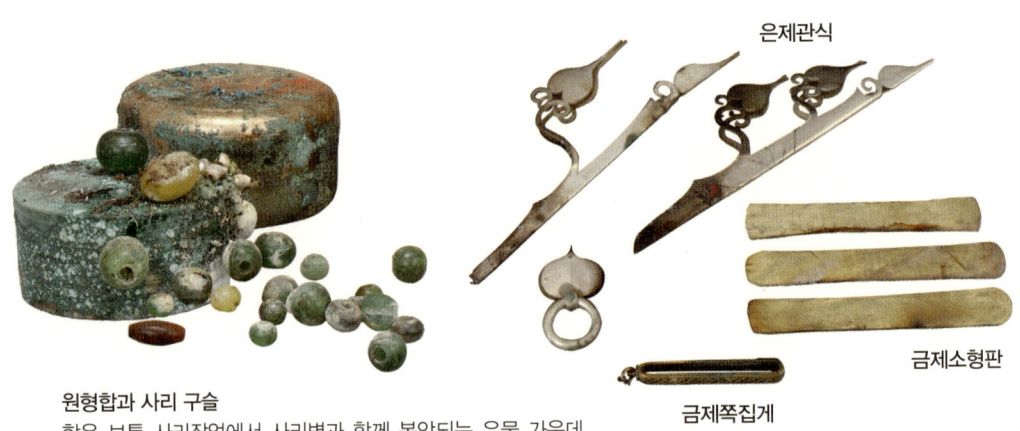

원형합과 사리 구슬
합은 보통 사리장엄에서 사리병과 함께 봉안되는 유물 가운데 하나이다. 미륵사지 석탑 사리장엄구에서는 크기와 형태가 모두 다른 은제합 5점과 동제합 1점이 수습되었다.

를 창건하고 탑을 세웠다는 기록과 왕실의 안녕을 기원하는 내용이 새겨져 있습니다. 판에 새겨진 이 기록은 미륵사를 누가, 언제, 왜 창건했는가를 알 수 있는 귀중한 기록입니다.

또한 사리봉안기에는 무왕의 아내가 선화공주가 아니고 다른 사람일 수도 있다는 것을 짐작하게 하는 놀라운 내용이 적혀 있었습니다. 지금까지 학자들은 『삼국유사』 등의 기록에 따라 무왕의 아내가 선화공주일 것이라고 생각했습니다. 그런데 사리봉안기에는 미륵사지 석탑을 만든 사람이 무왕의 왕후인

금제사리호

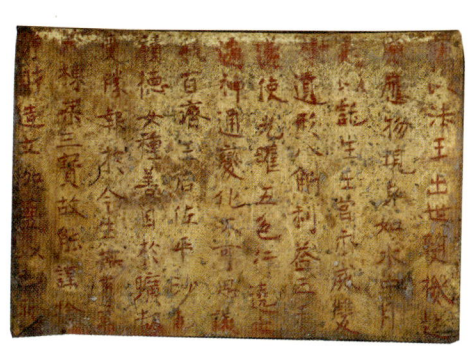

금제사리봉안기 앞면
가로 15.5센티미터, 세로 10.5센티미터 크기로 금판 앞면과 뒷면에 9자씩 총 194자가 새겨져 있다.

백제 말기 새로운 꿈을 펼치다

'사택 씨*'라고 적혀 있습니다. '사택 씨'는 백제의 유력한 귀족 가문의 성씨입니다.

하지만 그렇다고 해서 무왕의 아내가 선화공주가 아니라고 단정 지을 수도 없습니다. 그래서 학자들 사이에서는 무왕의 아내가 누구인가에 대한 논란이 거세게 벌어지고 있습니다.

> **사택 씨** 백제 사비시대에 사비의 8대 귀족 가문 가운데 첫 번째로 기록될 정도로 그 위세가 대단했던 가문이다. 의자왕 때 대좌평이라는 높은 벼슬을 하고, 말년에 불당을 지어 비석을 건립한 사택지적이 대표적인 인물로 꼽힌다.

무왕의 아내는 선화공주일까? 아닐까?

지금까지 서동과 선화공주는 무왕과 그의 왕비일 것이라고 생각해 왔어. 과연 사실일까? 서동은 후에 무왕이 되었다고 알려져 있어. 그렇다면 서동의 아내, 즉 무왕의 아내는 선화공주일까? 『삼국유사』에는 서동과 선화공주의 이야기를 전하며 무왕의 아내가 선화공주라고 기록하고 있어. 하지만 이를 반박하는 학자들도 많아. 이들은 그 근거로 다음과 같은 것들을 들고 있어.

우선 당시 신라와 백제는 적대적인 관계였어. 『삼국사기』에 따르면 두 나라는 수차례 전투를 벌였다고 기록하고 있지. 그런 상황에서 신라 진평왕의 딸인 선화공주가 백제 사람과 결혼을 한다는 것은 말이 안 된다는 거야. 또한 『삼국유사』는 후대에 쓰인 역사책이기 때문에 오류의 가능성이 크다는 거지.

이런 논란이 계속된 가운데 2001년 미륵사지에서 사리봉안기가 출토되었어. 거기에는 무왕의 아내가 사택 씨라고 적혀 있었어. 이 내용으로 학계에서는 뜨거운 논란이 일어났어. 반면에 무왕의 아내가 선화공주라고 주장하는 학자들은 사리봉안기에 기록된 내용은 무왕 말기의 내용이며 선화공주와의 결혼은 무왕이 왕위에 오르기 전이라고 주장하고 있어. 또한 신라와 적대적인 관계였으나 당시에는 정략결혼이 많았기 때문에 충분히 가능하다고 보는 거지.

두 주장 다 일리 있는 말이라 누구 말이 맞는지 아직 결론은 나지 않았어.

건축문화실

건축문화실에는 미륵사에서 출토된 기와와 미륵사 창건 과정, 삼국의 사찰 특성 등에 관한 자료가 전시되어 있습니다.

이곳에서는 미륵사의 석탑과 목탑을 똑같이 재현한 모형을 만날 수 있습니다. 두 탑의 모습이 어떤가요? 쌍둥이처럼 닮지 않나요? 두 탑은 재료만 다를 뿐 모습이 매우 닮았습니다. 석탑은 무너져 내려 층수가 낮아졌지만 원래는 목탑과 같은 9층이었을 것으로 추정됩니다.

백제 시대 탑은 초기에는 대부분 나무로 만들었고 나중에는 돌로 만들기 시작했습니다. 미륵사지에 세워진 탑 역시 목탑이 먼저 만들어졌을 것으로 보고 있습니다. 한반도 석탑의 시작은 백제 석탑일 거라고 추측하는 학자도 있습니다.

목탑에서 석탑으로의 변화

백제 시대 미륵사지 목탑 → 백제 시대 미륵사지 석탑 → 백제 시대 정림사지 5층 석탑 → 통일신라 시대 석가탑

백제 말기 새로운 꿈을 펼치다

목탑에서 석탑으로 변화

백제 초기의 탑은 모두 목탑이었어. 나중에 석탑을 만들 때도 목탑을 모양을 그대로 본떠 만들었지. 미륵사지 목탑과 석탑의 모양 역시 재료만 다를 뿐 거의 똑같아.

왜 목탑에서 석탑으로 변화했을까? 목탑은 윗부분에 아름다운 금속 장식이 있었어. 그런데 이 금속 장식이 피뢰침의 역할을 하면서 벼락을 맞기 쉬웠지. 벼락 맞은 목탑은 불에 타 버렸어. 실제로 탑이 벼락을 맞아 불탔다는 기록도 남아 있어. 그래서 사람들은 불에 잘 타지 않는 석탑을 만들기 시작한 거야.

미륵사지 석탑은 목탑을 닮은 기둥에 '배흘림 기법'을 사용했어. '배흘림'이란 목조 건물의 기둥을 위로 갈수록 좁게 하거나 중간을 불룩하게 만드는 기법이야. 이것은 평행한 두 직선이 멀리서 보면 볼수록 가운데가 움푹 들어가 보이는 착시 현상을 피하기 위한 방법이야. 또한 각 층의 지붕에 처마가 있어. 목탑은 목조 건축물과 같이 지붕의 처마가 있어. 미륵사지 석탑도 마찬가지로 이러한 목탑의 형식을 그대로 가지고 있어. 석탑의 이러한 특징들은 석탑이 목탑의 양식을 따라 만들었다는 것을 보여 줘.

미륵사지 석탑

미륵사지유물전시관을 나오면 미륵사터를 만날 수 있습니다. 우선 너른 벌판에 높다란 두 개의 돌기둥인 당간지주가 있습니다. 당간지주는 '당(幢, 불화를 그린 깃대)'을 걸었던 장대, 즉 당간을 지탱하기 위하여 당간의 왼쪽과 오른쪽에 세우는 기둥을 말합니다. 미륵사지에 있는 당간지주는 통일신라 시대에 세워진 것으로 통일신라 시대에도 미륵사가 유지되었음을 알려줍니다. 당간지주는 사찰 입구에 세워지기 때문에 현재 미륵사지 당간지주가 가운데에 위치한 것으로 봐서 통일신라 때에는 백제 시대에 비해 사찰 규모가 매우 작아

해체하기 전의 미륵사지 석탑

해체 중인 미륵사지 석탑

졌음을 알 수 있습니다.

　당간지주의 오른쪽에는 원래 탑의 모습을 그대로 재연해 놓은 동쪽 탑이 있습니다. 미륵사지에서 유일하게 남아 있던 국보인 미륵사지 석탑, 즉 서탑은 현재 해체, 보수 중에 있습니다. 아마 조만간 복원된 모습의 서쪽 탑을 만날 수 있겠지요. 현재는 미륵사지 석탑을 해체, 보수하고 있는 생생한 현장을 볼 수 있습니다.

　그럼, 미륵사지 석탑은 언제 만들었으며 원래부터 6층이었던 것일까요? 앞서 미륵사지유물전시관의 유물실에서 살펴보았던 석탑 해체 과정에서 나온 사리봉안기의 기록을 통해서 미륵사지 석탑이 639년 만들어졌음이 밝혀졌습니다. 서쪽 석탑은 원래 동탑과 같은 9층이었을 것으로 추측되지만 고려 시대에 벼락을 맞아 무너져 내려 6층 탑만이 남게 되었습니다. 미륵사지 석탑은 발견 당시 무너지기 직전이었습니다. 1915년 일제강점기에 일본인들이 탑이 무너지는 것을 막기 위해 시멘트를 발라 석탑을 고정시켰습니다. 석탑이 무너지는 것을 막을 수는 있었지만 문화재가 훼손되는 안타까운 일이 벌어진 것이죠.

현재 재연해 놓은 동탑을 보면 규모가 매우 컸음을 알 수 있습니다. 동탑을 좀 더 자세히 살펴보면 낮은 기단 위에 여러 개의 돌기둥을 세운 탑신을 쌓았습니다. 전체적으로 기둥은 밑이 넓고 위가 좁아 안정감이 있습니다. 1층에는

당간지주

복원된 동탑

사방으로 출입구를 내었고 중앙에는 중심기둥이 탑신 전체를 받치고 있습니다. 탑신은 모두 7층 혹은 9층으로 추정되고 있으며 기둥, 벽면, 처마, 지붕 등의 전체적인 짜맞춤 형식과 외형적인 모습이 목조 건축물과 매우 비슷합니다. 지붕은 평평하고 끝 부분에서는 곡선을 이루면서 살짝 위로 들려 경쾌하고 부드러운 느낌을 줍니다.

재연해 놓은 동쪽 석탑의 모습을 보면서 두 개의 커다란 석탑과 가운데 목탑, 각각의 탑과 짝을 이루는 금당(법당)이 있는 엄청난 규모의 미륵사를 상상해 보세요. 무왕의 웅대한 꿈이 느껴지지 않나요?

설화가 사실로 나타나다

　미륵사 창건 설화에 큰 연못을 메워 미륵사를 세웠다는 이야기가 있었지. 그런데 미륵사지를 발굴, 조사하면서 실제로 이곳이 습지를 메워 사찰을 만들었다는 사실이 밝혀졌어. 재미있지?
　설화에 나오는 연못을 메운 지명법사는 정말 도술을 쓰던 인물이었을까? 학자들은 설화에 등장하는 지명법사가 무왕과 사이가 좋았던 익산의 지방 세력일 것으로 추측하고 있어. 즉, 무왕이 익산의 지방 세력의 힘을 빌려 미륵사를 창건했다고 보는 거지. 또한 익산의 지방 세력들도 무왕과의 좋은 관계를 통해서 익산 지역을 백제의 중심지로 만들고자 했을 것이라고 보는 거야. 설화는 입에서 입으로 전해져 내려오는 이야기인 만큼 어느 정도 역사적 진실이 담겨 있다고 봐야겠지?

미륵사지 ▶ **왕궁리유적** ▶ 쌍릉

왕궁리유적전시관 ▶ 왕궁리 5층 석탑

왕궁리유적

익산에는 왕궁리라는 곳이 있고, 이곳에 탑과 궁궐이 있었던 유적이 남아 있습니다. 익산 미륵사지에서 남쪽으로 5킬로미터 정도 떨어져 있는 왕궁리유적입니다. 왕궁은 왕이 사는 곳이며 보통은 한 나라의 수도에 있지요. 그런데 익산에 왕궁의 흔적이 있는 이유는 무엇일까요? 그리고 보통 절에 있는 탑이 왕궁터에 남아 있는 이유는 무엇일까요?

왕궁리유적은 1989년 본격적으로 조사가 이루어져 지금까지도 발굴, 조사가 진행 중입니다. 왕궁리유적지를 발굴하고 조사한 결과 남북으로 490미터, 동서로 240미터나 되는 담으로 둘러싸인 대규모 궁궐이 있었던 것으로 밝혀졌습니다. 왕궁터에서는 왕이 정사를 돌보거나 의식을 행하던 정전이 있던 자리를 비롯해서 열네 개의 건물터가 확인되었습니다. 금이나 유리, 동 등을 생산하던 공방터와 대형 화장실터 등도 확인되었습니다. 뿐만 아니라 정원도 있었던 것으로 보여 왕궁의 규모가 얼마나 컸을지 짐작할 수 있습니다. 또한 왕궁 자리의 건물을 헐어 내고 그 위에 절을 지은 것도 확인되었습니다.

왕궁리유적 정원터에서 발견된 돌

백제 말기 새로운 꿈을 펼치다

학자들은 익산 출신의 무왕이 수도인 사비의 귀족 세력에게 인정을 받지 못하자 어린 시절을 보낸 익산으로 천도하려고 준비한 것이 아닌가 추측하기도 합니다. 현재까지도 마을 이름이 왕궁리로 전해 온다는 점에서 이곳이 왕궁터였다는 사실을 뒷받침해 주고 있습니다. 또한 '수부'라는 이름이 새겨진 기와도 발견되었습니다. '수부'란 도성 내에서 중앙정부가 있는 곳이라는 의미로, 사비도성에서도 수부라는 이름이 새겨진 기와가 출토되었습니다.

하지만 이 모든 것들은 추측일 뿐 그것을 밝혀 줄 역사 자료 등은 아직 발견되지 않고 있습니다. 다만 이곳에 왕궁을 지었었다는 사실, 그리고 5층 석탑이 남아 있는 것으로 미루어 보아 백제가 멸망한 이후에는 주요 건물들을 허물고 그 위에 다시 사찰을 지은 것으로 짐작할 뿐입니다.

자, 그럼 상상력을 총동원해서 이곳에 있었을 천오백여 년 전 백제 왕궁의 모습과 그곳에서 생활하는 사람들의 모습을 만나러 떠나 볼까요?

수부(首府)라고 적힌 기와

익산은 정말 백제의 수도였을까?

　익산 왕궁리에 왕궁이 있었다는 것은 분명해. 그런데 왜 수도였던 사비가 아닌 익산에 왕궁을 지었는지에 대해서는 학자들 간에 여러 다른 의견이 있어. 천도설, 별도설, 경영설, 제2의 수도설 등의 의견이 있어.

　우선 '천도설'은 백제 무왕이 수도를 익산으로 옮겼다고 보는 견해야. 일본에서 발견된 불교 관련 책인 『관세음응험기』에 무왕이 지모밀지, 즉 오늘날의 익산 왕궁리 일대에 수도를 옮겼다는 기록이 있어. 이 기록을 근거로 무왕 때 백제가 수도를 옮겼다고 주장하는 학자들이 있지.

　둘째로 '별도설'은 익산이 별부였다는 거야. 별부란 별도의 부라는 뜻인데, 백제는 수도를 전·상·중·하·중부인 5부로 나누었어. 익산 왕궁리는 사비 도성과 같이 이 지역의 중심도시였다는 거야. 이를 뒷받침하는 유적도 발견되었어. 왕궁리유적지에서는 '部(부)'라는 글자가 새겨진 인장기와가 출토되었어. 이 기와는 백제의 수도였던 부여에서만 출토되고 있거든. 궁궐이나 관청 같은 특별한 건물에만 사용된 기와가 나온 것은 주목을 끌기에 충분하지.

　셋째로 '경영설'은 무왕은 익산 지역을 수도에 버금가는 도시로 통치했다는 의견이야. 익산은 수도로서 충분한 여건을 갖추고 있지만 무왕이 익산으로 수도를 옮겼다면, 귀족들의 반발이 만만하지 않았을 거라는 거지. 또한 익산 천도설을 뒷받침할 만한 확실한 증거도 없다는 것이 경영설을 주장하는 학자들의 근거야.

　넷째로 '제2의 수도설'은 익산이 사비 다음의 제2의 수도였다는 설이야. 왕궁리 일대에 왕족이나 권력층의 무덤으로 보이는 고분이 출토된 것으로 보아 사비도성을 보좌하는 제2의 수도였을 가능성이 높다고 주장하는 거지.

　어쨌든 이 모든 것을 종합해 보면 백제 사비시대에 익산은 상당히 중요한 역할을 한 곳이었음이 틀림없다는 거야.

왕궁리유적전시관

2008년 문을 연 왕궁리유적전시관은 5층 석탑이 있는 유적지의 남쪽에 세워졌습니다. 이곳에는 왕궁리유적지에서 출토된 3백여 점의 유물과 그와 관련된 자료를 전시하고 있습니다.

왕궁리유적전시관은 백제의 왕궁, 왕궁리유적, 왕궁리유적의 백제 건물, 왕궁의 생활, 왕궁에서 사찰로의 변화, 백제 왕궁 등의 다섯 가지 주제로 구성되어 있습니다.

왕궁리유적에 도착하면 우선 전시관을 둘러본 후 5층 석탑이 남아 있는 발굴의 현장으로 가 보는 것이 좋습니다. 그래야 유적지에서 천오백여 년 전의 백제 왕궁의 모습과 사람들의 생활을 떠올릴 수 있거든요.

그럼, 지금부터 천오백여 년 전의 백제 왕궁으로 출발해 볼까요?

왕궁리유적에서 출토된 각종 유물

제1주제관_백제의 왕궁, 왕궁리유적

익산의 백제 왕궁은 어떤 모습이었을까요? 왕궁리유적전시관 중앙에는 무왕과 익산, 왕궁리유적의 관계를 설명해 놓았습니다. 또한 발굴, 조사를 통해서 확인된 여러 가지 사실을 바탕으로 해서 당시 왕궁의 전체 모습을 재현해 놓았습니다.

우선 지금도 일부가 남아 있는 왕궁을 둘러싼 담장이 눈길을 끕니다. 이곳의 담장은 한반도 고대 왕궁의 담장 가운데 가장 오래되었습니다. 현재 담장의 높이는 1미터이지만 당시에는 더 높았을 가능성도 있습니다. 또한 담장 주변에서 기와 조각이 많이 발견된 것으로 보아 기와지붕이 있는 담장으로 추정됩니다. 담장 아래 바깥쪽과 안쪽에는 폭 1미터 정도의 편평한 돌을 깔아 두었던 것이 발견되었습니다. 아마도 담장이 물에 훼손되지 않도록 하고 길로도 이용할 수 있게 만든 것으로 보입니다.

문은 남측 담장에 연결된 3개와 서측 담장에 연결된 1개가 확인되었습니다. 동측과 북측에도 문이 있었을 것으로 보이지만 아직까지 확인되지 않았습니다. 중국은 고대부터 왕궁의 남측에 3개의 문을 설치했다고 합니다. 따라서 남측에 있는 3개의 문은 왕궁리유적이 왕궁터였다는 사실을 뒷받침하는 또 하나의 중요한 증거입니다.

왕궁터의 전체 공간은 남쪽의 반은 의례와 생활공간으로, 북쪽의 반은 후원과 공방으로 사용되었습니다. 또한 남측의 앞부분 왕궁 시설에는 4단으로 돌을 쌓은 폭 75미터, 45미터의 공간을 2:1:2:1의 비율의 네 개의 공간으로 나눠서 건물들을 배치했습니다.

모형에는 정원도 재현되어 있습니다. 정원이 있었던 것으로 보아 상당히 규모가 큰 왕성이라는 것을 알 수 있죠. 왕궁의 후원과 연결되는 부분에는 기이한 괴석과 장대석, 하천석 등을 조합해 물의 흐름을 조절할 수 있도록 되어 있습니다. 정원 주변에는 정자와 같은 건물과 도로도 있었음이 확인되었습니다.

이 전시실에는 비록 모형이긴 하지만 당시 백제 왕궁의 모습을 확인해 볼 수 있는 중요한 자료들이 전시되어 있습니다.

5층 석탑

왕궁리유적 정원터 출토 유물

제2주제관_왕궁리유적의 백제 건물

　왕궁리유적에서는 백제 시대 건물지 14기, 통일신라 시대 건물지 6기, 고려 시대 건물지 1기 등 지금까지 총 21기의 건물이 있었다는 것이 밝혀졌습니다. 남측 중문의 중심축과 나란히 왕궁의 정전 또는 중요한 건물이 있었던 대형 건물지가 있습니다. 대형 건물의 크기는 동서로 32미터, 남북으로 16미터입니다.

　백제 시대 건물은 건물의 기단*을 쌓은 재료에 따라 돌로 쌓은 '석축기단' 건물과 기둥의 아래 부분을 벽돌을 쌓은 '와적기단' 건물로 나눌 수 있습니다. 기와를 쌓아 기둥이 받치고 있는 무게를 똑같이 나누도록 하는 '와적기

> **기단** 집터를 다듬은 다음 터보다 한층 높게 쌓은 단

백제 말기 새로운 꿈을 펼치다

연꽃무늬 수막새

단'은 백제 사비시대 건물을 지을 때 유행한 방법입니다. 제2주제관에서는 사비시대에 유행한 백제의 아름다운 연꽃무늬 막새기와도 볼 수 있습니다. 연꽃무늬 막새기와는 매우 중요한 건물, 사찰이나 왕궁과 같은 공공시설에 장식됩니다. 따라서 연꽃무늬 막새기와는 익산 왕궁리유적이 왕궁터였다는 설을 뒷받침해 주는 유물입니다.

제3주제관_왕궁의 생활

그렇다면 사람들은 왕궁에서 어떻게 생활했을까요? 백제 왕궁 생활을 엿볼 수 있는 생활 전시실로 발걸음을 옮깁니다. 이곳에는 사람들이 왕궁에서 생활

왕궁리유적에서 출토된 도가니 유물

할 때 사용하던 유물들, 금제품, 유리제품, 토기, 도가니 등이 전시되어 있습니다. 또한 이들 용품을 만드는 공방과 화장실 유적을 축소해 놓은 모형이 전시되어 있습니다.

왕궁리유적 서북측에서는 금연주(금구슬 꿴 것), 금고리, 금못, 금장식품 등 금제품과 유리제품, 동제품 등 귀중품이 출토되었습니다. 또한 유리나 금을 녹여 모양을 만드는 기구인 도가니가 출토되어 주변에 공방이 있었던 것을 짐작하게 합니다. 전시되어 있는 유물들을 보면 당시 백제의 기술 수준이 상당히 높았다는 것을 알 수 있습니다.

이 전시실에는 화장실에서 볼일을 보고 있는 백제 사람을 재현해 놓은 재미있는 전시도 있습니다. 천오백여 년 전에도 화장실이 있었다는 사실이 놀랍기만 합니다. 왕궁리유적에서 발견된 화장실은 최초로 우리나라에서 발견된 고

화장실에서 볼일을 보고 있는 백제 사람을 재현한 모형

왕궁리유적에서 발견된
휴대용 변기인 여성용 호자

대 화장실입니다. 이 화장실은 백제의 문화 수준이 높았다는 증거이기도 합니다. 땅 아래로 널찍한 공간을 파고, 나무 기둥을 세워 발판을 만든, 시골 재래식 화장실의 모습입니다.

그렇다면 당시에는 볼일을 본 후 뒤처리는 어떻게 했을까요? 오늘날처럼 화장지도 없었을 텐데 말이죠. 왕궁리유적지에서 볼일을 본 후 사용한 뒤처리 막대가 발견되었습니다. 백제 사람들은 볼일을 본 후에 뒤처리 막대를 써서 처리했던 거지요.

왕궁리유적지에서는 배수 시설도 발견되었습니다. 사용한 물을 밖으로 빼

대형 화장실터

뒤처리용 목간

돌로 만든 배수로

내는 배수 시설은 매우 중요한 시설로 왕궁에만 있었습니다. 일반 백성들은 강이나 계곡의 물을 쓰고, 그냥 버릴 수밖에 없었겠죠.

이처럼 유적지의 발굴 조사를 통해서 우리는 무려 천오백여 년 전의 백제인들이 어떻게 생활했는지를 알 수 있습니다. 유물과 유적이 우리에게 알려주는 역사적 사실은 어디에서도 배울 수 없는 귀중한 것이랍니다.

제4주제관_왕궁에서 사찰로의 변화

제4주제관에서는 왕궁이 사찰로 변화하는 과정을 보여 줍니다. 금당과 강당 등 중요한 사찰 건물들이 왕궁의 중요한 건물의 자리에 있었던 것으로 드러났습니다. 또한 석탑의 아랫부분에서 목탑지와 앞서 있었던 건물지의 흔적

왕궁리유적에서 발견된
'왕궁사(王宮寺)'라고 적힌 기와

들이 확인되었습니다. 이러한 흔적들로 보아 왕궁이 사찰로 변화했던 것으로 보입니다. 왜 왕궁이었던 건물이 사찰로 바뀌었는가는 밝혀지지 않았습니다. 역사학자들은 무왕이 죽은 후 왕궁으로서 쓸모가 없어지자 무왕의 명복을 빌기 위해 이곳을 사찰로 바꾸지 않았을까 추측해 보기도 합니다.

왕궁리유적지에서는 '왕궁사', '대관관사', '관궁사' 등의 사찰 이름이 적혀 있는 기와도 많이 출토되었습니다. 『삼국사기』에 "금마군(익산)의 대관사 우물이 핏빛이 되어 5장(대략 15미터)이나 흘렀다"고 하는 기록이 남아 있습니다.

왕궁이 사찰로 변화한 시기를 정확하게 알 수는 없습니다. 다만 여러 가지 정황으로 미루어 보아 백제 말기에 왕궁에서 사찰로 변화하기 시작해서 그 과정이 통일신라 시대까지 이어졌으리라 추측됩니다.

제5주제관_백제 왕궁

백제 왕궁 전시실에는 왕궁리유적의 발굴 내용이 정리되고 있습니다. 또한 지금까지 서울, 공주, 부여 등에서 발굴, 조사된 백제 왕궁들을 비교할 수 있는 자료들이 전시되어 있습니다.

왕궁리 5층 석탑

 왕궁리유적전시관의 전시들을 보고 난 후 밖으로 나가면 왕궁리유적 전시관에서 모형으로 보았던 왕궁리유적을 실제로 볼 수 있습니다. 여전히 발굴 중인 현장과 함께 외롭게 홀로 남아 역사의 증인이 된 5층 석탑을 만나 볼까요?

왕궁리 5층 석탑이 만들어진 시기

 그렇다면 왕궁리유적지의 5층 석탑은 언제 만들어졌을까요? 처음에는 부여 정림사지 5층 석탑과 닮아 백제 시대에 세워진 탑으로 생각했습니다. 하지만 1965년 북쪽으로 기울어져 있던 석탑이 무너지는 것을 막기 위해 탑을 해체하고 보수 공사를 하던 중 석탑 속에서 통일신라 시대와 고려 시대 초기의 유물이 나왔습니다.

왕궁리 5층 석탑에서 발견된 사리병과 사리함

그중에서 청동불상은 고려 시대 초기, 금제금강경판과 사리장치는 8세기경에 만들어진 것으로 추정됩니다. 왕궁리 5층 석탑이 언제 만들어졌는지 확실하게 알 수 없지만 대체로 고려 초기로 추정됩니다.

석탑에서 출토된 유물은 현재 국보로 지정되어 국립전주박물관에서 보관하고 있습니다.

그런데 고려 시대에 만들어진 탑이 백제의 탑과 매우 닮은 이유는 무엇일까요? 고려 시대에 세워졌는데 고려 시대 탑과는 전혀 다른 모습을 하고 있는 이유는 또 무엇일까요?

고려 시대에는 백제 시대의 탑 양식을 따라 탑을 만드는 일이 많았습니다. 그 대표적인 탑이 백제 사비시대 수도였던 부여 장하리에 있는 3층 석탑입니다. 그런데 고려 사람들은 왜 백제 탑의 양식을 따라 탑을 만들었던 것일까요? 역사학자들은 백제가 멸망했지만 백제의 후손들이 남아 백제 문화의 양식대로 탑을 만든 것이 아닐까 한답니다. 백제 양식의 탑을 쌓아 거기에 멸망한 조국 백제를 향한 그리움을 담은 것이 아닐까요?

왕궁리 5층 석탑

백제계 석탑의 변천

 탑은 부처님의 사리를 보관하기 위해 만든 거야. 탑은 크게 나무로 만든 목탑, 돌로 만든 석탑, 벽돌로 만든 전탑으로 구분할 수 있어. 우리나라에는 목탑과 전탑에서 발전한 석탑이 많이 남아 있어.

 백제 사람들이 처음 탑을 만들기 시작했을 때는 주로 목탑을 만들었는데, 이후 석탑으로 바뀌었지. 탑을 만드는 재료가 나무에서 돌로 바뀌었을 뿐 석탑의 모습은 목탑과 꼭 닮아 있어. 백제의 탑은 매우 정교하고 아름답기로 유명해. 그 대표적인 탑이 익산 미륵사지 석탑과 부여 정림사지 석탑이야. 통일신라 말기 이후에 옛 백제 지역에서는 백제 시대 석탑 양식을 계승한 탑이 많이 만들어졌어. 이들을 백제계 석탑이라고 해. 백제 석탑 양식은 크게 두 가지로 볼 수 있어.

 하나는 한국 석탑의 시작이라고 할 수 있는 미륵사지 석탑을 바탕으로 하여 만든 석탑이야. 대표적으로 고려 시대 조형 감각을 더한 익산 왕궁리 5층 석탑, 담양 읍내리 5층 석탑, 부여군 무량사 5층 석탑, 서울 홍제동 5층 석탑 등이 있어. 다른 하나는 미륵사지 석탑보다 더 단순하고 체계적으로 만든 정림사지 5층 석탑을 계승한 석탑이야. 대표적으로 충청남도 서천 비인면에 있는 비인 5층 석탑, 부여 장하리 3층 석탑, 김제 귀신사 3층 석탑, 정읍 은선리 5층 석탑 등이 있어.

무량사 5층 석탑 | 서울 홍제동 5층 석탑 | 장하리 3층 석탑 | 귀신사 3층 석탑 | 정읍 은선리 3층 석탑

미륵사지 ▶ 왕궁리유적 ▶ **쌍릉**

쌍릉

왕궁리유적지에서 그다지 멀지 않은 익산시 석왕동에는 두 개의 커다란 무덤이 있습니다. 남북으로 조금 떨어진 곳에 두 기의 무덤이 자리하고 있어 쌍릉이라고 부릅니다. 두 기의 무덤 중 무덤과 무덤 안의 돌방 크기가 큰 북쪽의 무덤을 대왕묘라 하고, 남쪽의 무덤을 소왕묘라고 부릅니다. 대왕묘는 지름 30미터, 높이 5미터 정도입니다. 크기는 약간 차이가 있지만 2기 모두 둥글게 흙을 쌓아 올린 무덤으로 별다른 장식이 없습니다.

쌍릉은 누구 무덤일까요?

그렇다면 이 두 기의 무덤의 주인은 누구일까요? 쌍릉은 1916년 일제강점기 일본인들에 의해 발견되었습니다. 발견 당시 무덤은 이미 도굴되어 무덤의 주인을 알려 줄 만한 유물이 남아 있지 않았습니다. 쌍릉은 이미 고려 시대에 도굴되었다는 기록이 있습니다. 다행히 대왕묘 내부에서는 사발 모양의 토기 1점과 관고리와 관목이 부착된 목관이 수습되었습니다. 이 관은 원래 모습으로 복원되어 현재 국립전주박물관에 전시되어 있습니다.

대왕묘

　이 목관 때문에 무덤 주인의 신분을 짐작할 수 있었습니다. 관에 쓰인 나무가 바로 무령왕릉에서 발견된 금송 목관과 같은 재질이었기 때문이지요. 금송은 일본 열도에서만 자라는 소나무로 일본에서는 신성한 나무로 불립니다. 아주 질이 좋은 목재이기 때문에 왕이나 귀족들의 관이나 도구를 만들 때만 쓰던 귀한 소나무입니다.

　이로 미루어 학자들은 이 무덤이 백제 왕실의 무덤일 가능성이 아주 높다고 보고 있습니다. 익산 지역은 무왕이 세운 백제 최대 규모의 사찰인 미륵사와 왕궁이 있었던 곳입니다. 그래서 이 무덤의 주인이 무왕과 그 왕비일 것으로 추측합니다. 또한 고려와 조선 시대 기록에도 이 무덤을 무왕의 무덤이라고 기록한 내용이 남아 있습니다.

굴식돌방무덤

　횡혈식 석실분이라고도 하는 굴식돌방무덤은 고구려, 백제 등에서 일찍부터 만들어진 무덤 형태로, 통일신라 시대에 유행했고, 가야에서도 나타나. 굴식돌방무덤은 먼저 땅을 깊지 않게 판 뒤 돌로 네 벽을 쌓아 커다란 방을 만든 다음 앞쪽에 출입문을 내지.

　봉분 바깥쪽에서 돌방에 이르는 길은 마치 굴처럼 만들어 사람이 드나들 수 있어. 따라서 무덤의 입구만 찾으면 굴을 통해 무덤 안으로 들어갈 수 있어 도굴 가능성이 매우 높았어. 백제의 많은 고분이 이 형태로 되어 있어 껴묻거리(시신과 함께 묻어 놓는 물품)가 도굴되는 바람에 백제의 흔적을 찾기가 매우 어려워.

두 기의 무덤은 백제의 전형적인 굴식돌방무덤입니다. 굴식돌방무덤은 백제의 지배층이 주로 사용하던 무덤입니다. 이것은 쌍릉의 주인이 백제의 높은 계층, 즉 왕과 왕비일 것이라고 추정할 수 있는 또 다른 증거입니다. 백제 수도였던 공주의 송산리고분군이나 부여에서 많이 나오는 무덤 양식이 바로 굴식돌방무덤입니다. 여러 가지 근거로 볼 때 이곳을 무왕과 왕비의 무덤으로 보는 것이죠.

쌍릉을 다 보고 나니 어떤 것이 느껴지나요? 멀지 않은 곳에 떨어져 서로를 그리워한 무왕과 왕비의 애절함이 느껴지지 않나요?

마를 캐며 익산에서 어린 시절을 보낸 서동은 백제의 무왕이 되었습니다. 무왕은 백제를 더욱 발전시키기 위해 애썼지만 사비의 귀족들은 그를 인정하려 하지 않았습니다. 어린 시절을 보냈던 익산 지역은 너른 평야가 있는 살기 좋은 곳이었고, 무왕에게는 친근한 곳이었습니다.

무왕은 익산에서 새롭게 백제를 일으켜 세울 계획을 했습니다. 그래서 익산에는 무왕과 관련된 많은 이야기와 전설 그리고 유적이 남아 있습니다. 지금까지 삼국시대 최대의 절터인 미륵사지와 왕궁이 있었던 흔적이 남아 있는 왕궁리유적, 그리고 무왕과 왕비의 무덤으로 추정되는 쌍릉에서 영웅의 풍모를 지녔던 무왕을 느껴 볼 수 있었습니다.

그럼 무왕의 시대를 지나 백제는 어떻게 되었을까요? 다음 유적지로 가 볼까요?

체험학습 3

백제를 끝까지 지켜라

▶▶ 논산

백제는 웅진과 사비로 수도를 옮긴 후 무령왕과 성왕, 무왕을 거치면서 새로운 전성기를 누리게 됩니다. 그리고 백제의 마지막 왕인 의자왕 시대를 맞이합니다.

초기에 의자왕은 충신인 성충, 흥수, 계백 등을 등용해 훌륭한 정치를 펼칩니다. 그러나 후반기로 가면서 의자왕은 충신을 멀리하고, 사치스러운 생활을 하는 등 나라를 제대로 다스리지 못했습니다. 그러면서 백성은 살기 어려워지고 나라는 혼란스러워집니다.

이런 백제 내부의 혼란을 틈타 신라와 당나라 연합군이 백제를 공격했습니다. 김유신 장군이 거느린 5만 명의 신라 군대는 사비로 가는 요충지인 탄현(지금의 충청북도 옥천)을 넘어오고, 소정방 장군이 이끄는 당나라 군대는 금강 하류로 사비성을 공격해 왔습니다.

백제의 계백 장군이 이끄는 결사대 5천 명은 탄현을 넘어 사비성으로 가는 마지막 지역, 지금의 논산에 위치한 황산벌에서 신라의 5만 군대를 맞았습니다. 5천 군사의 백제 결사대는 5만의 신라 군사를 맞아서 다섯 번 싸워 네 번을 이겼습니다. 하지만 백제군은 마지막 전투에서 패하고 계백 장군도 최후를 맞게 되었습니다.

계백의 결사대를 무찌른 신라군은 거침없이 사비성으로 향했습니다. 이 소식을 들은 의자왕은 웅진성으로 도망을 갔습니다. 하지만 결국 웅진성에서 항복하고 말았습니다. 이로써 찬란하고도 슬픈 7백여 년 역사를 가진 백제는 멸망하게 되었지요.

● 백제 멸망의 뼈아픈 현장, 논산

체험학습 코스
백제군사박물관 → 계백장군유적전승지

논산은 선사시대부터 조상들이 살았던 지역으로 삼한시대에는 마한의 나라들이 위치해 있었으며, 백제에 의해 정복되었습니다. 서쪽으로는 수도인 사비(부여)와, 북쪽으로는 웅진(공주)과 가까웠던 논산은 백제 사비시대 군사적으로 매우 중요한 지역이었습니다.

> **오방** 백제의 지방 행정 구역. 백제는 전국을 다섯 개의 방으로 나누어 다스렸다.

논산은 사비시대에는 백제의 오방* 가운데 하나인 동방인 득안성으로, 수도였던 웅진과 사비를 보호하는 위성의 역할을 했습니다. 그래서 이곳 산지에 황산성, 모촌리 산성, 황화산성, 노성산성 등 열세 개의 크고 작은 산성을 쌓아 수도를 방비하도록 했습니다.

이 산지가 끝나는 지점부터 논산, 강경 일대는 너른 평야의 곡창지대가 펼쳐져 있어 군사적 중요성은 물론이고 수도에 식량을 공급해 주는 중요한 경제적 역할을 담당했으리라 생각됩니다. 수도인 사비까지 높은 산 없이 평원으로 이어져 있는 지형적 특성 때문에 만일 이 지역의 산성에서 적군을 막지 못하면 수도인 사비까지는 마치 고속도로를 탄 듯 거침없는 진격이 가능했습니다. 그래서 백제 계백 장군이 이끄는 5천 명의 결사대가 목숨을 내 놓고 적극적으로 적을 막기 위해 노력했지만 다섯 번째 전투에서 패배한 후 수도 사비성은 힘없이 무너지고 만 것이지요. 황산벌 전투에서의 패배로 결국 백제는 멸망하고 말았습니다.

　마지막까지 목숨 걸고 백제를 지키려고 했던 계백 장군의 결사대가 싸우다 장렬히 전사한 이곳 논산에는 백제군사박물관과 계백 장군의 묘와 영정을 모신 충장사가 있습니다. 백제군사박물관은 백제의 충절을 상징하는 계백 장군과 5천 결사대의 충성스러운 혼령이 깃들어 있는 곳입니다.

　자, 그럼 이제부터 계백 장군의 충성스러운 마음을 느껴 보고, 백제 군사 문화를 체험하러 논산의 백제군사박물관으로 가 볼까요?

백제군사박물관 ▶ 계백장군유적전승지

백제군사박물관

　백제군사박물관은 계백 장군의 혼이 살아 있는 황산벌로 추정되는 지역 근처인 논산시 부적면의 탑정 저수지가 있는 너른 언덕에 자리하고 있습니다. 이곳에서는 백제 시대의 유물과 군사 문화 관련 유물들을 전시하고 있습니다.

제1전시실

　제1전시실에서는 백제의 건국에서부터 멸망까지 백제의 대외 전쟁 관련 기록들을 정리해 놓았습니다. 특히 백제를 지키기 위한 백제인들의 노력을 직접 확인할 수 있습니다. 또한 백제의 가장 대표적인 방어 시설인 성곽의 모형을 통해 백제의 방어 체계도 확인해 볼 수 있습니다.

백제의 군사 활동

제1전시실로 들어가면 우선 백제가 고구려, 신라, 중국과 치른 여러 전투를 시대별로 정리한 연표가 있습니다. 백제의 군사 활동을 왕별로 간략하게 살펴 보면 다음과 같습니다.

백제 군사 활동 연표

고이왕(재위 234~286)	중국 한나라의 낙랑군의 압력을 배제하고 한강 유역을 통합함.
근초고왕(재위 346~375)	백제의 전성기로 대방군의 옛 땅을 찾고, 고구려의 평양성을 공격하여 고국원왕을 살해함.
아신왕(재위 392~405)	고구려 광개토왕의 군대에 번번이 패함. 396년 고구려가 침공해서 한성을 에워싸자 아신왕이 항복. 아신왕이 고구려 신하가 되기로 맹세함.
비유왕(재위 427~455)	고구려 장수왕의 남하 정책에 대비해 신리와 나제 동맹을 맺어 고구려에 대항함.
개로왕(재위 455~475)	고구려에 한강 유역을 빼앗김.
문주왕(재위 475~477)	웅진으로 천도.
무령왕(재위 501~523)	고구려의 수곡성을 공격하여 영토를 넓힘.
성왕(재위 523~554)	사비 천도 후 국호를 남부여로 바꿈. 신라 진흥왕과 동맹을 맺어 독산성에 침입해 온 고구려군 격퇴, 한강 유역 다시 되찾음. 신라 진흥왕의 배반으로 나제동맹 결렬. 신라군과 관산성에서 싸우다 성왕 전사하고 한강 유역을 다시 신라에 빼앗김.
무왕(재위 600~641)	신라를 여러 차례 공격함.
의자왕(재위 641~660)	660년 신라와 당나라 연합군에 멸망함.

백제의 산성

백제는 어떤 산성을 쌓아 적으로부터 보호했을까요? 백제가 수도를 두었던 세 곳, 한성, 웅진, 사비의 왕성을 통해 알아보겠습니다.

풍납토성과 몽촌토성

풍납토성은 한성시대 백제 왕성으로 몽촌토성과 함께 수도인 한성을 방어하기 위해 쌓았습니다. 풍납토성은 사방이 평지로 되어 있어 적이 성을 에워싸고 공격하기 쉬웠습니다. 그래서 백제는 수도를 방어하기 위해 남쪽에 또 하나의 왕성인 몽촌토성을 쌓았습니다. 두 성은 모두 흙으로 쌓은 토성이며, 판축법으로 쌓았습니다.

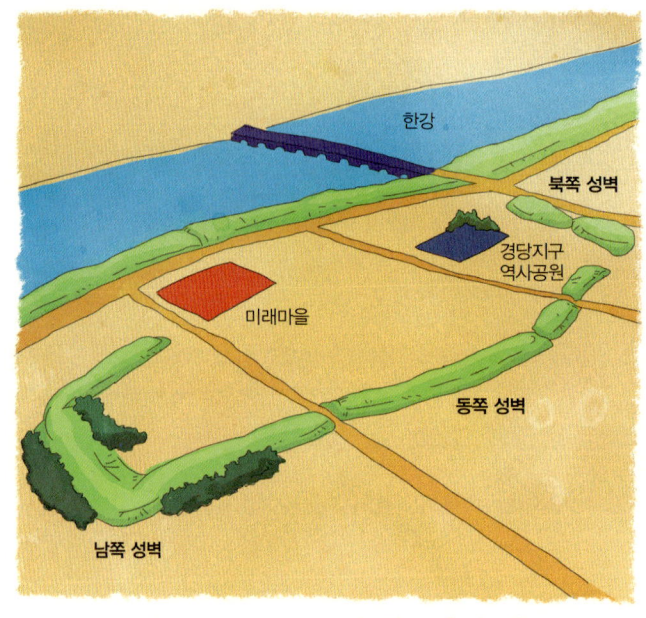

판축식 성 쌓기

판축법은 판을 좌우에 설치하고 그 안에 자갈, 모래, 진흙 등을 층층이 다져서 만드는 방법이야. 나무 막대와 같은 도구를 이용해 여러 번 다지기 때문에 웬만한 돌로 쌓은 성벽보다 튼튼하지. 판축법으로 쌓은 성벽은 세로로 잘라 보면 마치 켜켜이 쌀가루와 고물을 넣어서 찐 시루떡과 닮아 있어서 시루떡이라는 별명을 가지고 있어.

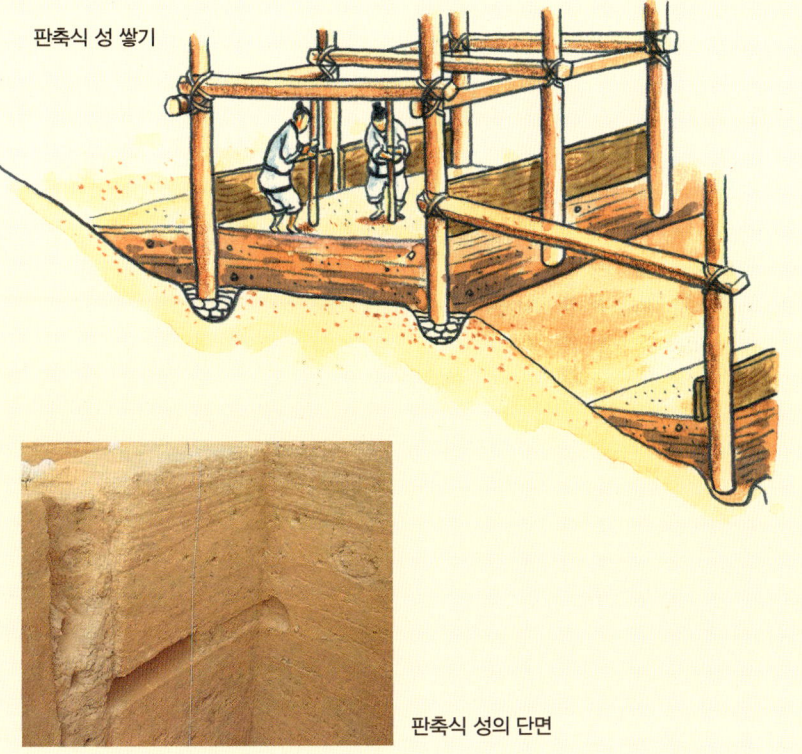

판축식 성 쌓기

판축식 성의 단면

백제를 끝까지 지켜라

공산성

공산성은 백제가 웅진(공주)으로 천도한 후 웅진을 방어하기 위해 쌓은 성입니다. 공산성은 사람의 머리에 띠를 두르듯이 산의 7부 능선쯤의 높이에 산을 빙 둘러 성을 쌓은 테뫼식 산성입니다. 또한 산성의 앞에 금강이 흐르고 산을 따라 흐르는 계곡이 둘러싸고 있는 포곡식 산성의 성격도 띠고 있습니다.

공산성은 백제 시대에는 웅진성으로 불렸습니다. 고려 초기에 웅진이 공주로 이름이 바뀌면서 지금의 공산성이라는 이름을 가지게 되었습니다.

공산성은 둘레가 2킬로미터가 넘는 큰 성으로, 방어에 아주 유리합니다. 공산성 북쪽의 문은 금강을 따라 바다로 이어집니다.

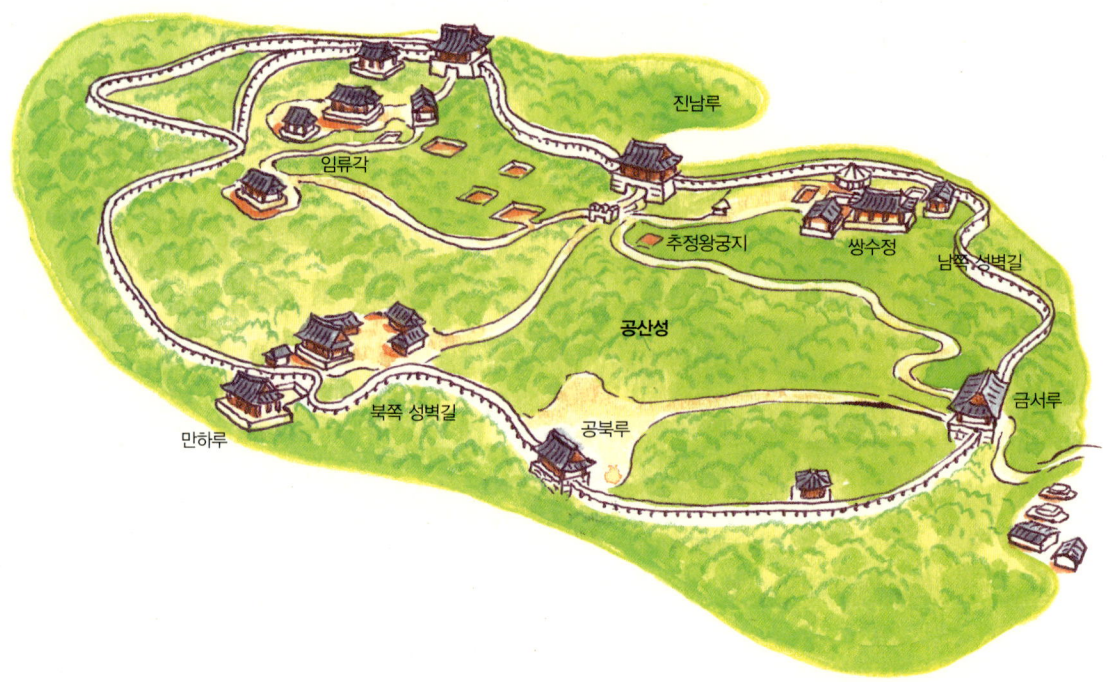

부소산성

부소산성은 백제가 사비(부여)로 수도를 옮긴 후 사비를 방어하기 위해 부여읍 쌍북리에 있는 부소산을 따라 포곡식으로 지은 산성입니다. 부소산은 106미터로, 나지막한 언덕이지만 부여의 최북단에 있어서 부여 읍내가 한눈에 내려다보입니다. 부소산성은 습지가 많은 지형에 맞게 단단하게 흙을 다지는 판축법으로 성을 쌓았습니다.

성왕이 사비로 수도를 옮긴 후 부소산성뿐만 아니라 사비 주변을 둘러싼 바깥 성인 나성을 쌓아 사비를 방어하고자 했습니다. 부소산성에서 동쪽으로 뻗어 내려 백마강에 이르는 동쪽 나성과 부소산의 서쪽 기슭에서 뻗어 내려 백강(금강) 주변의 제방을 따라 이어지는 남쪽 나성을 쌓았다고 합니다.

부소산성은 백제가 멸망한 뒤에 조선 시대까지 사용되었기 때문에 시대별로 많은 유물이 출토되었습니다.

제2전시실

제2전시실은 선사시대부터 청동기시대, 삼국시대 전쟁에서 사용했던 다양한 무기와 방어 도구들 그리고 무기 제조 과정 등의 모형들을 전시해 놓았습니다. 또한 계백 장군이 이끄는 백제의 황산벌 전투를 재현한 그림도 볼 수 있습니다.

백제의 무기

고대 삼국시대에는 청동기보다 단단한 철기가 들여오면서 다양한 무기를 사용하여 전쟁을 했습니다. 지금까지 발굴된 다양한 무기들을 살펴볼까요?

칼과 검

백제인들이 전쟁에서 사용했던 대표적인 칼은 곧고 긴 칼, 대도라고 부르는 것입니다. 삼국시대 초기에 칼은 넓이가 넓고 길이도 길며 무거웠지만 중기로 오면서 좁고 날씬하며 가벼워지기 시작합니다. 즉, 칼을 만드는 기술이 발달한 것입니다.

중기 이후에는 칼을 호화롭게 장식하는 풍습이 생겼는데, 특히 칼자루와 칼집, 손잡이에 많은 장식을 했습니다. 자루

무령왕릉 출토 환두대도

에는 금실이나 은실을 감기도 했고, 손잡이에 신경을 많이 써서 조각을 하기도 했습니다. 그중에서도 손잡이 부분의 머리가 둥근 고리 모양으로 된 것이 대표적인데 '환두대도(環고리 환, 頭머리 두, 大큰 대, 刀칼 도)'라고 합니다. 둥근 고리 모양의 자루머리에 상서로운 동물인 봉황과 용을 조각했습니다.

환두대도는 자루머리의 조각이나 모양으로 주인의 신분을 확인할 수 있는 위세품의 하나입니다. 위세품이란 착용하거나 휴대하는 사람의 신분이나 세력을 나타내는 물건을 말합니다.

무령왕릉에서는 용과 봉황이 화려하게 조각되어 있고 자루의 중간에 금실로 곱게 감은 금동제의 환두대도가 출토되었습니다. 무령왕릉에서 출토된 환두대도는 용이 무려 여덟 마리나 새겨져 있었습니다. 이는 우리나라에서 발견된 환두대도 가운데 가장 많은 용이 새겨진 것입니다. 그만큼 무령왕의 왕권이 강했다는 것을 의미합니다. 화려한 무늬가 새겨진 환두대도는 실제 전쟁에서는 사용하지 않고 지위용이거나 장식용이었던 것으로 보입니다.

이 전시실에는 칼뿐 아니라 철로 만든 검도 있습니다. 검은 칼과는 달리 양쪽에 날이 있습니다. 검에는 길이가 짧은 단검과 긴 장검이 있습니다.

천안 용원리 출토
용과 봉황 무늬 환두대도

환두대도 제작 과정

1. 환두와 환두 모양 제작

거푸집 만들기 : 밀납을 환두 모양으로 조각해서 외부를 흙으로 덮고 가열하면 밀납이 녹아내려 정교한 장식을 만들 수 있다.

주조 : 미리 제작한 거푸집에 일정량의 구리를 녹여 붓는다.

조금 : 제작된 환두부의 표면에 문양을 새기거나 다른 금속을 상감한다.

도금 : 환두부의 표면에 금으로 도금한다.

2. 칼날 제작

단조 : 달군 쇠를 작업대 위에 올려놓고 망치로 두들긴다. 여러 번 반복하여 두들기면서 접었다 펴기를 반복하여 칼날을 만든다. 이 과정에서 철 속에 있는 이물질들이 빠져나간다.

담금질 : 칼날의 강도와 경도를 결정짓는 중요한 과정이다.

연마 : 만들어진 칼날을 숫돌에 갈아 칼날을 세운다.

3. 칼집 제작

목공 : 칼집을 만드는 과정으로 반으로 자른 나무의 가운데를 칼날에 맞게 파내고 붙인다.

옻칠 : 만든 칼집을 외부의 습기나 벌레 등의 피해를 줄이면서 장식적인 효과도 낸다.

마감 : 칼집의 장식구와 각종의 결합재를 끼운다.

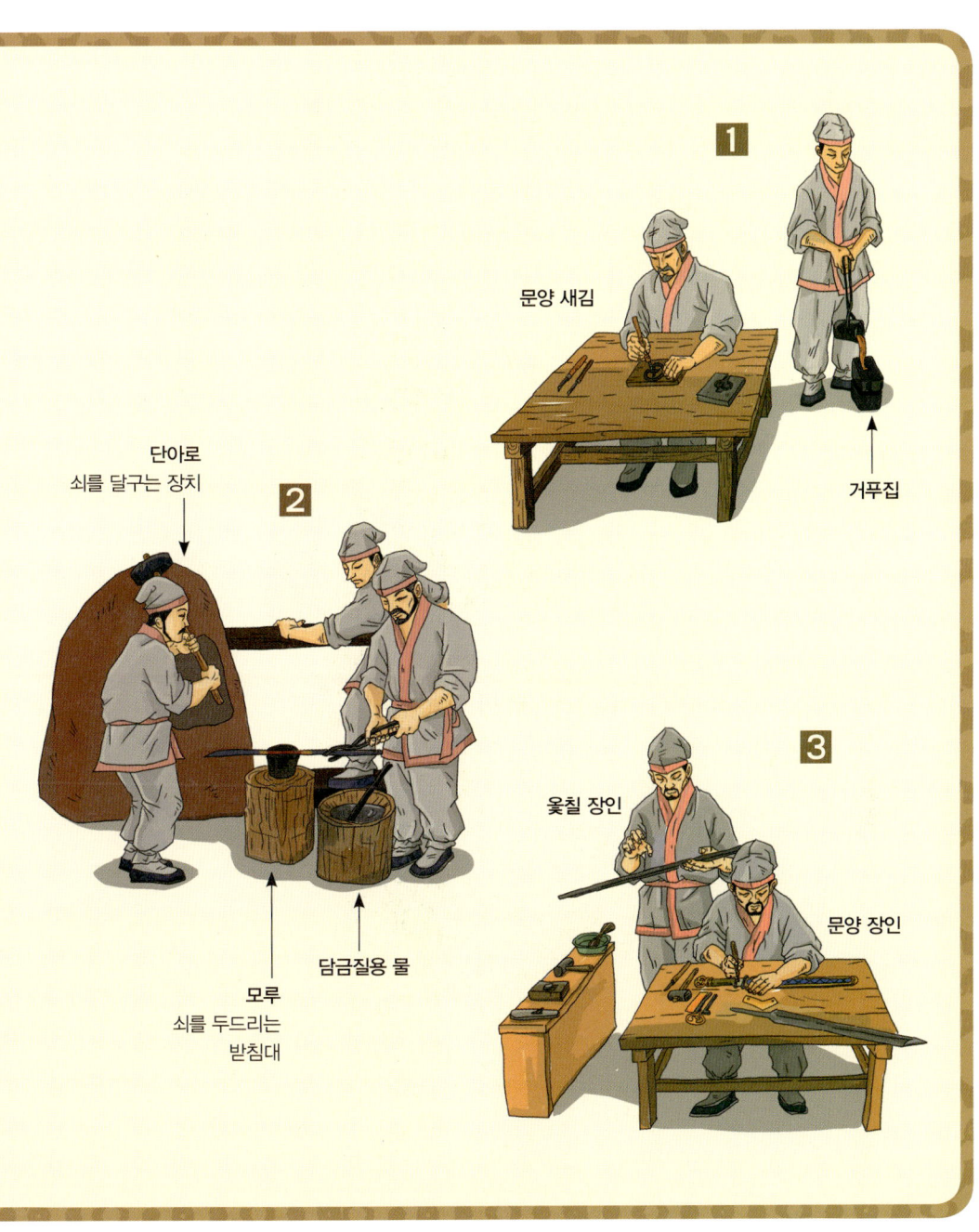

백제를 끝까지 지켜라 113

창

창은 고대 전투에서 가장 많은 병사들이 사용한 무기 가운데 하나입니다. 백제군사박물관에 전시된 창들은 모두 자루 부분은 없어지고 자루 끝에 붙인 '모'라고 불리는 부분만 남아 있습니다. 4세기경부터 철제로 된 모가 등장해서 삼국시대 내내 사용되었다고 합니다. 이 창을 든 병사들이 전투의 주력부대가 되었습니다. 이러한 사실은 고구려 벽화의 전투 장면에서 알 수 있습니다.

백제의 창 종류에는 적을 찌르고 베는 기능이 추가된 투겁창과 기마병이 사용하는 갈고리창과 양갈래창 등이 있습니다.

철로 만든 창모

활과 화살

활은 대나무나 나무를 반달 모양으로 휘어서 양쪽 끝에 시위를 걸고 화살을 활 위에 걸어 줄의 탄력을 이용해서 적에게 쏘는 무기이지요. 휘어진 나무 사이의 길이가 2미터 이하로 짧은 것을 단궁이라고 하며, 그 이상 되는 것을 장궁이라고 합니다. 단궁은 초원을 달리는 유목민족들이 많이 사용하였고, 장궁은 해안 지대 민족들이 주로 사용하였다고 합니다.

활의 사정거리는 최대 3백 미터에 이르지만 목표물을 명중시킬 수 있는 유효 사정거리는 백 미터 이내입니다. 그리고 철제 갑옷을 관통시키려면 70미터

활·화살 명칭

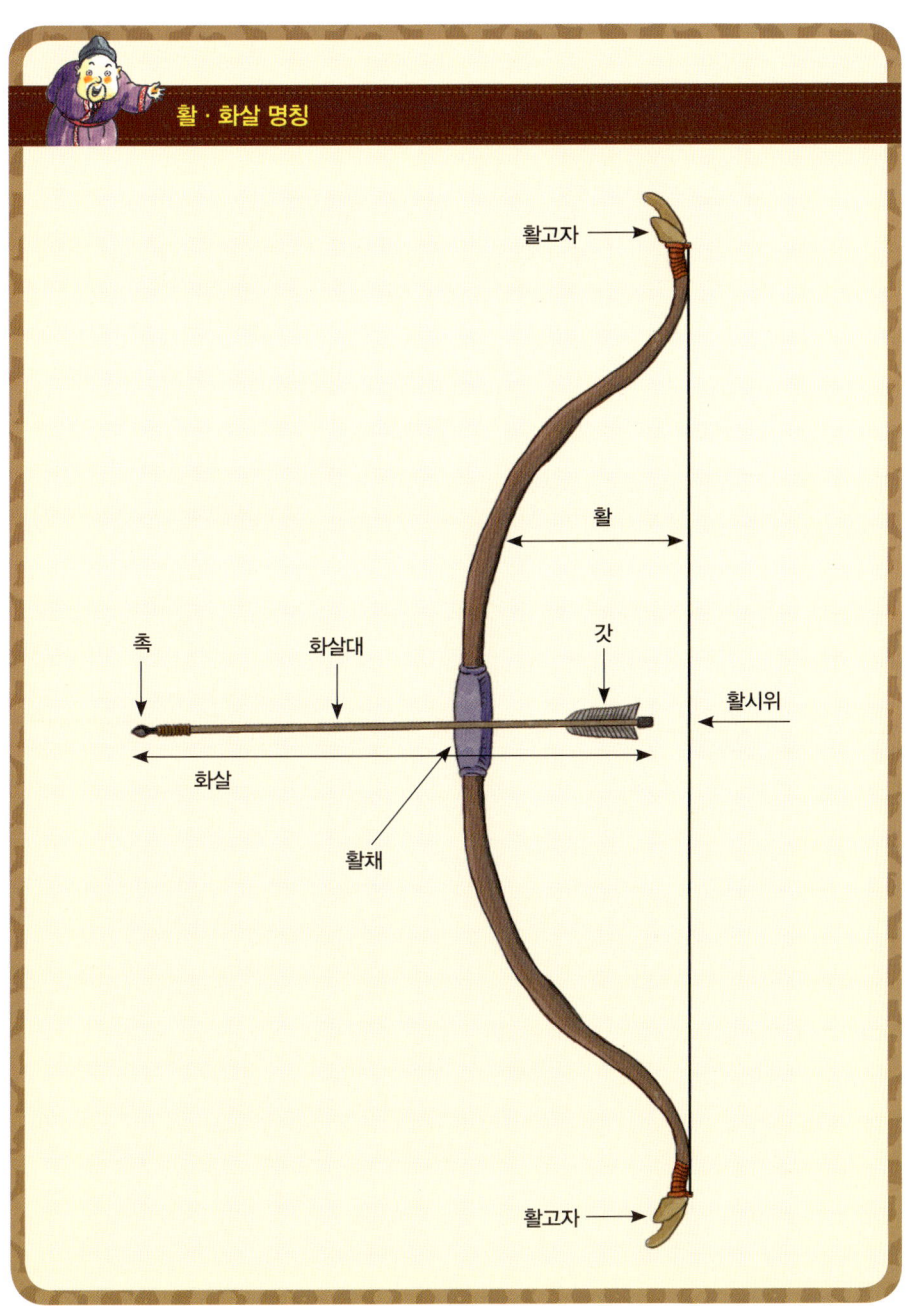

화살촉

에서 80미터 이내에 목표물이 있어야 합니다. 무기로서 활의 최대 장점은 멀리 있는 적을 공격할 수 있으며, 목표물을 관통하는 힘이 가장 크고 개인이 휴대할 수 있다는 점입니다. 그래서 고대 전쟁 무기 가운데 가장 최첨단의 전쟁 무기이며 전술 무기로 일컬어지고 있습니다.

활은 보통 나무로 만들기 때문에 썩어서 남아 있지 않고 철로 만든 화살촉 부분만 주로 남아 있습니다. 우리나라의 전통적인 활 형태는 고구려 고분벽화에서 볼 수 있는데 대체로 단궁의 복합궁의 형태로 되어 있습니다. 특히 고구려 사람들은 활을 잘 쏘기로 유명했고, 고구려의 시조인 주몽은 부여 말로 '활을 잘 쏘는 사람'을 뜻합니다. 활을 잘 쏘는 민족답게 활도 잘 만들어서 그 우수성이 중국에까지 널리 알려졌습니다.

도끼와 낫

도끼는 농경이나 수렵 등 여러 가지 다른 용도로도 쓰였지만 전쟁터에서는 사람이나 말을 치는 대표적인 타격 무기로 사용되었습니다. 도끼가 전쟁 무기로 쓰인다는 것이 좀 놀랍기도 합니다. 도끼는 고대 중국에서는 전쟁에 참가하는 장군에게 황제가 권한을 부여하는 상징적 의미로 도끼를 내려 줄 만큼 중요한 무기였습니다.

쇠도끼

도끼는 갑옷이 발달하기 시작하면서 갑옷을 두른 기마병(말을 타고 싸우는 병사)을 막기 위한 무기로서 중요성이 더욱 커졌습니다. 고구려 고분벽화인 안악 3호분 행렬도에서는 보병의 주요 무기로 도끼와 창, 칼이 등장합니다.

낫 역시 도끼와 마찬가지로 농기구가 전쟁 무기로 활용된 예입니다. 특히 낫류의 무기는 무게중심이 높은 상대 즉, 기마병을 상대로 적을 끌어내리는 데 많이 쓰였습니다.

쇠낫

갑옷

백제 시대 병사들이 자신의 몸을 방어하기 위해서 입었던 갑옷에는 찰갑과 판갑이 있습니다. 찰갑은 작은 조각들을 여러 개 붙여서 만든 것으로 몸을 좀 더 유연하게 움직일 수 있다는 장점이 있습니다. 찰갑은 고구려에서 시작되어 백제, 신라로 전파되었습니다. 한반도에서는 4세기와 5세기경의 찰갑이 출토되는데, 4세기 것에 비해 5세기의 찰갑이 훨씬 유연성이 좋습니다. 몸통 부분의 찰갑 외에도 목가리개, 팔가리개, 팔뚝가리개, 허벅지 부분 가리개 등이 세트로 되어 있습니다. 찰갑은 주로 움직임이 많은 기마병들이 사용했습니다.

판갑은 몸에 맞는 커다란 판을 연결하여 만든 갑옷으로 찰갑에 비해 움직임이 불편하지만 방어력이 뛰어나다는 장점이 있습니다. 커다란 판에 촘촘히 구멍을 뚫고 그 구멍을 바느질하듯 가죽이나 천으로 된 끈으로 연결하거나, 두 판을 겹쳐서 구멍을 못으로 박아 연결했습니다. 판갑은 주로 보병들이 사용하였으며 백제는 물론 가야 지역에서도 많이 출토되었습니다.

마구

고대 전쟁에서 말은 병사 못지않게 중요했습니다. 말에는 마구라고 하는 여러 가지 도구를 창작했습니다. 마구에는 말을 통제하는 재갈과 고삐, 말을 탄 사람이 안정적인 자세를 취할 수 있도록 해 주는 등자와 안장이 있습니다.

백제의 마구에는 발을 걸 수 있는 발걸이가 있었습니다. 발걸이는 손을 놓고 활을 쏠 수 있도록 해 주는 혁신적인 도구입니다. 우리나라 삼국시대에 서양에서는 아직 발걸이가 사용되지 않았습니다.

마구 명칭

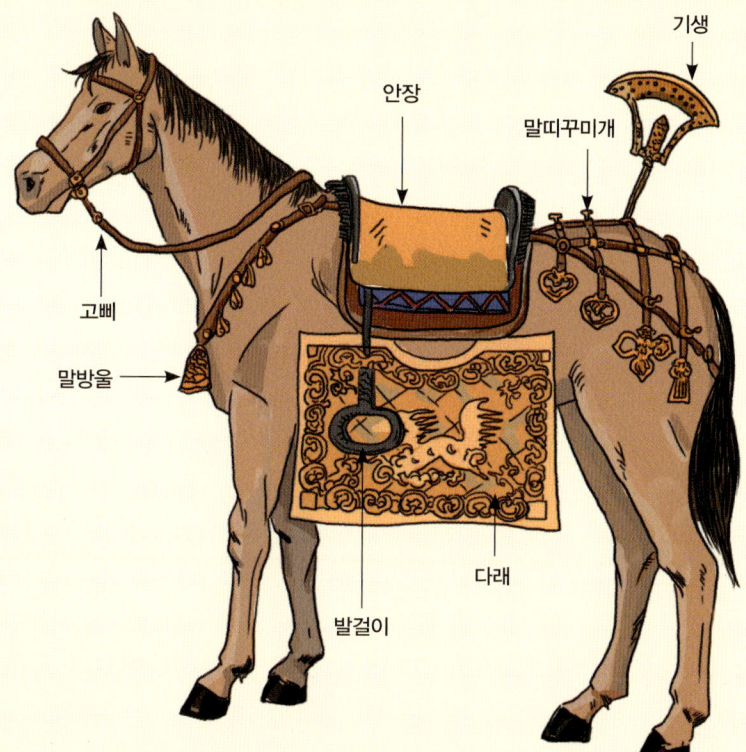

안장 말을 탄 사람이 말 등에 안전하게 고정할 수 있도록 하는 장치이다.

기생 말의 엉덩이 위에 달아 장식하는 꾸미개이다. 신분을 나타내거나 보호의 기능을 가진다.

고삐 말을 탄 사람이 손에 잡고 동작을 제어하거나 매어 둘 때 쓰는 끈이다. 일반적으로 가죽으로 만든다.

말방울 말의 목에 다는 방울로, 신분 등을 상징한다.

발걸이 발에 끼워 딛도록 한 장치이다. 말 위에서 자유롭게 하는 중요한 장구로 전쟁에서 승패가 좌우되는 중요한 요인이 되기도 한다.

다래 말이 달릴 때 흙이 튀는 것을 막기 위해 안장 아래에 매다는 흙받이이다.

성곽 전투에 필요한 무기들

삼국시대에는 주로 성을 뺏고 지키는 전투가 이루어졌습니다. 성곽 전투에 필요한 무기는 상대의 성을 공격할 때 쓰는 공성 무기와 성을 지킬 때 쓰는 수성 무기로 나눌 수 있습니다.

공성 무기에는 포차와 충차, 운제가 있었습니다. 포차는 돌을 쏘아 올리는 무기로, 바퀴를 달아 끌고 다니면서 이곳저곳에 커다란 돌을 포탄처럼 쏘아 올리는 무기입니다. 충차는 큰 쇠를 수레에 달아 성에 부딪쳐 성문을 파괴하는 무기입니다. 운제는 성벽을 타고 오르기 위한 사다리입니다.

수성 무기에는 노포와 포노, 마름쇠가 있습니다. 노포와 포노는 성벽 위에 설치하는 투석기(돌을 쏘아 올리는 무기)로 성에 고정시켜 방어할 때 사용합니다. 마름쇠는 모서리가 삼각형 모양의 뾰족한 모서리가 세 개 있는 무기로 지뢰와 같은 역할을 했습니다.

마름쇠

 **역사책에 기록된 백제의 전쟁**

『삼국사기』「백제본기」 근초고왕 26년(371년) 겨울
  근초고왕이 태자 근구수왕과 정예군사 3만 명을 거느리고 고구려에 쳐들어가서 평양성을 공격하여 고국원왕을 화살을 쏘아 죽임.

『삼국사기』「백제본기」 개로왕 21년(475년) 9월
  고구려왕 거련이 군사 3만 명을 거느리고 와서 백제 수도 한성을 포위했다. 왕이 싸울 수가 없어 성문을 닫고 있었다. 고구려 사람들이 군사를 네 방면으로 나누어 협공하고, 또한 바람을 이용해서 불을 질러 성문을 태웠다. 백성들 중에는 두려워하여 성 밖으로 나가 항복하려는 자들도 있었다. 상황이 어렵게 되자 왕은 어찌할 바를 모르고, 기병 수십 명을 거느리고 성문을 나가 서쪽으로 도주하려 하였으나 고구려 군사가 추격하여 왕을 죽였다.

『삼국사기』「백제본기」 무령왕 12년(512년) 9월
  고구려가 가불성과 원산성을 공격하자, 무령왕이 용맹스러운 기병 3천 명을 거느리고 위천의 북쪽에서 기묘한 계책으로 크게 격파함.

『삼국사기』「백제본기」 무왕 37년(636년) 5월
  왕이 장군 우소에게 명령하여 갑병 5백 명을 거느리고 신라의 독산성을 공격하게 하였다. 우소가 옥문곡(합천군 가야면)에 이르렀을 때 해가 저물기 시작하였다. 그는 안장을 풀고 군사를 쉬게 하였다. 그때 신라 장군 알천이 군사를 거느리고 몰래 기습하여 왔다. 우소가 큰 돌 위에 올라서서 활을 쏘면서 대항하여 싸우다가 화살이 모두 떨어지자 그들에게 사로잡혔다.

『삼국사기』「백제본기」 의자왕 2년(642년) 7월~8월
  7월 의자왕이 친히 군사를 거느리고 신라를 쳐서 미후성 등 40여 개 성을 함락시켰으며, 8월 장군 윤충을 보내 만 명의 군사로 대야성을 공격하여 성주 품석 등을 죽이고 남녀 천 명을 포로로 잡음.

백제군사박물관 ▶ 계백장군유적전승지

계백장군유적전승지

    백제군사박물관 뒤에는 백제 계백 장군의 묘, 사당인 충장사, 충혼공원 등이 있는 계백장군유적지가 공원으로 조성되어 있습니다.
    충장사는 계백 장군의 위패와 영정을 모신 사당입니다. 그리고 충혼 공원은 계백 장군과 그의 5천 결사대를 기리기 위해 조성되었습니다.

충장사

계백 장군과 황산벌 전투

660년 의자왕 때에 백제는 바다로부터 올라오는 당나라 군대와 경주에서 출발한 신라 군대의 공격을 받게 되었습니다. 이때 의자왕은 계백 장군에게 군사 5천 명을 내 주고 이들의 공격을 막고 수도인 사비성을 방어하라는 명령을 내렸습니다.

계백 장군은 비장한 각오로 적보다 먼저 황산벌에 도착해 세 군데에 진영을 설치했습니다. 김유신이 이끄는 5만 명의 신라군은 세 갈래로 나누어 공격을 시작했습니다. 신라와 백제는 네 번의 전투를 벌였지만 5만 명의 군사가 5천 명의 군사를 당해 내지 못했지요. 아무리 공격을 해도 물러나지 않는 백제 군사들에 신라 군사들은 점점 지쳐 갔습니다.

이때 신라 장군인 흠순의 아들 반굴이 홀로 적진으로 돌진해 힘껏 싸우다 죽었습니다. 이 모습에 또 다른 장군 품일의 아들 관창 역시 용감하게 홀로 적진으로 뛰어들어 싸웠지만 죽고 말았습니다.

반굴과 열여섯 살의 어린 소년 관창의 용감한 죽음을 접한 신라군은 죽음을 각오하고 싸워 결국 다섯 번째 전투에서 백제군에 큰 승리를 거두게 되었습니다. 백제군은 열 배나 많은 군사를 맞아 네 번이나 승리했지만 다섯 번째 전투에서 몰살을 당하고 계백 장군 역시 황산벌에서 전사하게 됩니다.

화랑 관창의 이야기

『삼국사기』에는 황산벌 전투에서 용감하게 전사하고, 신라군의 사기를 북돋운 화랑 관창의 이야기가 기록되어 있어. 이야기를 들어 볼까?

신라 장군 품일의 아들인 관창은 용모가 빼어나고 기마와 활쏘기를 잘해 화랑(진흥왕 때 인재를 키울 목적으로 조직한 단체)이 되었어. 관창이 열여섯 살이 되던 해 그의 재주를 눈여겨본 어느 대감이 관창을 신라 무열왕(신라 제29대 왕)에게 소개했어. 무열왕은 660년에 당나라와 함께 백제를 침공하는 전투에 관창을 부장으로 삼았지.

황산벌에 이르러 백제군과 신라군이 대치하게 되었는데 그의 아버지 품일이 관창에게 "네가 비록 나이는 어리지만 의기가 있다. 오늘이야말로 공을 세워 부귀를 얻을 때이니 용기를 내지 않겠느냐?"라고 말했어. 관창은 "그러겠습니다"라고 대답하고는 곧 말에 올라 창을 비껴들고 바로 적진으로 달려 들어가 용감하게 싸웠어. 그러나 관창은 백제군에게 붙잡혀 계백 장군 앞에 끌려가게 되었어. 계백 장군은 아직 어린 관창의 용감함을 아깝게 여겨 그를 살려 보내 주었어.

신라로 돌아온 관창은 장수의 목을 베지 못하고 깃발을 빼앗지 못한 것을 한탄했어. 그러고는 다시 적진에 돌격해 용감히 싸웠지. 또다시 백제군에 붙잡힌 관창은 이번에는 살아 돌아가지 못했어. 계백은 관창의 머리를 베어 말안장에 매어 신라로 돌려보냈지. 품일은 아들의 머리를 잡고 소매로 피를 씻으며 다음과 같이 말했어. "내 아들의 면목이 살아 있는 것 같구나. 능히 나라를 위하여 죽을 줄을 알았으니 후회할 것이 없다."

이 모습을 본 신라 군사들은 모두 죽음을 각오하고 전투에 나섰어. 그리고 백제군에 크게 승리를 거두었지. 무열왕은 관창에게 급찬이라는 직위를 내리고 예를 갖추어 장사를 지내 주었어. 그리고 그의 가족에게 비단 30필과 이십승포 30필, 곡식 1백 섬을 부의로 주었다고 해.

황산벌 전투 연표

660년 1월	신라, 김유신을 가장 높은 벼슬인 상대등에 임명.
3월	당나라, 소정방을 신구도 행군대총관, 김인문을 부총관에 임명하고 13만 대군으로 백제를 공격하게 함.
5월 26일	신라, 무열왕이 경주에서 직접 군사를 이끌고 백제 공격에 나섬.
6월 18일	신라, 경기도 이천에 주둔.
6월 21일	법민(신라 제30대 왕인 문무왕)이 덕물도(현재 덕적도)에서 당나라 소정방 장군과 회의을 하고, 7월 10일 사비에서 만날 것을 약속.
7월 9일	신라의 김유신 5만의 군사로 황산벌로 진군. 계백 전사. 당나라 소정방 기벌포(현재 장항)에서 백제군을 크게 물리침.
7월 12일	당나라와 신라군 사비(부여)로 진격.
7월 13일	의자왕 웅진성으로 피신.
7월 18일	의자왕 웅진성에서 항복.
7월 29일	신라 무열왕 사비성에 주둔함.
8월 2일	신라, 술잔치를 베풀고 죽은 군사들을 위로.

계백 장군 묘

백제인들의 늠름하고 용감한 기상을 대표하는 계백 장군의 묘는 백제군사박물관이 있는 언덕에 위치하고 있습니다. 황산벌 전투가 벌어진 정확한 위치와 계백 장군이 전사한 곳에 대해서는 아직 밝혀지지 않고 있습니다.

그럼 왜 이곳을 계백 장군의 묘로 보는 것일까요? 가장 큰 이유는 지명 때문입니다. 예로부터 전해져 오는 이야기에 따르면 현재 계백 장군의 묘가 있는 곳은 '수락산(首머리 수, 落 떨어질 락, 山뫼 산)', 즉 머리가 떨어진 산 또는 '가장골', 가매장을 한 곳이라는 이름으로 불렸습니다. 학자들은 머리가 떨어졌다는 것은 죽음을 의미하고, 계백 장군이 전쟁에서 승자가 아닌 패자로 죽었기에 제대로 묘를 써서 매장하지 못했을 거라고 추측하고 있습니다. 이 지역의 이름은 그대로 그런 의미를 전하고 있지요. 또한 여기에 있었던 무덤이 계백 장군의 묘라는 것이 이곳에 사는 사람들에게 조상 대대로 전해져 왔기 때문이기도 합니다.

계백 장군 묘

우리는 지금까지 백제의 역사를 수도가 아닌 지방 여러 곳의 유적들을 돌아보면서 살펴보았습니다. 백제 한성시대가 지나고, 웅진과 사비시대에 비로소 백제 왕권은 수도뿐만 아니라 지방 곳곳에 미치게 되었습니다. 지방 여러 지역들은 수도에 못지않은 역할을 했습니다. 오늘 우리는 이 지역들의 유적을 통해서 당시 백제의 모습을 떠올려 볼 수 있었습니다.

웅진과 사비시대 백제의 발전을 이끌었던 무령왕과 성왕 시기, 서해로 나아가는 길목에 위치한 예산, 서산 그리고 서해로 나아가는 해상 기지인 태안은 해상 교류의 중심지로서 중요한 역할을 한 지역이지요. 이곳에 남아 있는 백제의 불상들은 여전히 온화한 미소로 이 지역 사람들을 지켜 주고 있습니다.

백제 말기 무왕 시대에 익산은 새롭게 수도로 떠오르던 지역이었습니다. 무왕의 꿈이 서려있는 미륵사지와 왕궁리유적, 쌍릉까지 무왕 시대의 익산의 웅장한 모습을 유적들을 통해서 그려 볼 수 있었습니다.

마지막으로 찾아 간 논산은 백제의 뼈아픈 멸망의 역사를 간직한 곳입니다. 논산은 수도 사비를 지키기 위해 계백 장군이 이끄는 5천 명의 결사대가 모두 목숨을 바친 황산벌이 위치한 곳이지요. 최후의 수도 방비선이었던 이곳이 무너짐으로써 백제는 신라와 당나라 연합군의 말발굽 아래 역사의 저편으로 사라지게 됩니다. 이곳에 남아 있는 계백 장군의 묘 앞에 서면 백제의 7백여 년 역사가 하루아침에 무너져 내릴 때의 백제인의 절망이 느껴지는 듯하지요.

백제와 삼국의 생생한 역사의 흔적이 남아 있는 현장을 본 소감이 어떤가요? 여러분이 바로 그 백제인의 후예들입니다. 빛나고 화려한 문화를 이룩한 전성기의 백제와 힘없이 무너져 내린 멸망의 순간들이 느껴지나요?

찾아보기

ㄱ

가람 67
개로왕 11, 105, 121
계백 장군 13, 100, 103, 104, 110, 122-124, 126, 127, 134
계백장군유적전승지 7, 22, 23, 101, 102, 104, 122
고이왕 10, 105
공방 79, 83, 87
공산성 108, 135
공성 무기 120
관등제 15
관음보살 53, 54, 56
관창 123, 124
광배 30
굴식돌방무덤 96
근초고왕 10, 11, 18, 20, 38, 105, 121
금당 67, 68, 78, 89
금동여래입상 48, 49, 132
금동향로 69, 71
금송 96
금제사리호 69, 70, 71

ㄴ

남조 12, 19, 34, 36

ㄷ

당간지주 75, 76, 77
대왕묘 95, 96, 134
도가니 86, 87
동진 31

ㅁ

마구 118, 119
마름쇠 120, 134
막새기와 69, 86
망새 69
목간 88
몽촌토성 4, 106, 135

무령왕 12, 15, 19, 21, 26, 32, 33, 36, 57, 96, 100, 105, 110, 111, 121, 127
미륵사지 7, 19, 22, 23, 61–63, 65–67, 69, 70–79, 93, 94, 127
미륵사지 석탑 19, 65, 70, 71, 73–77, 93
미륵삼존 66, 68

ㅂ

반가사유상 41, 42, 46, 47
백제군사박물관 7, 22, 23, 101–104, 114, 122, 126
보살상 20, 41, 42, 46, 47, 53, 54
보원사지 6, 22, 23, 38, 40, 46, 48–50
본존불 43, 44, 46, 47, 52, 53, 68
부소산성 109
부여풍 14
부흥 운동 5, 14, 21, 37
북제 36, 46, 55, 56
북조 12, 31, 34, 36, 46, 55
비류 26

ㅅ

사리 69, 70–72, 76, 91–93
사리병 70, 91
사리봉안기 69, 70–72, 76
사리장엄구 70
사리함 70, 91
사비시대 5, 12, 15, 16, 19–21, 57, 72, 81, 86, 92, 102, 127
사택 씨 71, 72
삼국사기 18, 32, 33, 38, 60, 72, 90, 121, 124
삼국유사 17, 18, 60, 62, 64, 66, 68, 71, 72
서동 64, 72
석가모니 41, 52, 53, 67, 68
석축기단 85
선화공주 63, 64, 71, 72
소왕묘 94
수나라 13, 21, 46, 55
수성 무기 120
수인 35, 44, 56
숭유억불 34
쌍릉 7, 22, 23, 61–63, 65, 79, 94–96, 127

ㅇ

아산만 26, 28, 29, 39
양나라 12, 21, 43, 45
양직공도 43
여래입상 41, 42, 44, 48, 49, 53, 56
예산 화전리 사면석불 6, 22, 27, 28, 30, 32, 34, 35
오방 15, 102
온조 10, 18, 26
와적기단 85
왕궁리 5층 석탑 79, 91–93
왕궁터 79, 80, 83, 86
웅진시대 5, 11, 12, 15, 19, 26, 33, 39, 57
위세품 111
의자왕 13, 21, 37, 72, 90, 100, 105, 121, 123, 125
인장기와 20, 81
임존성 13, 28, 37

ㅈ

전륜성왕 17, 32, 33
정림사지 5층 석탑 19, 73, 91, 93
정원 79, 84, 85
졸본부여 26
지명법사 64, 66, 78

ㅊ

창모 114

ㅌ

태안 마애삼존불 6, 22, 23, 27, 38–40, 48, 50, 51, 53–56
태안반도 26–29, 38, 39, 49
태을암 50, 51

ㅍ

판축식 107
풍납토성 4, 106

ㅎ

한성시대 11, 16, 19, 106, 127
향찰 17
호자 133
화살촉 116
환두대도 110-112
황산벌 13, 100-104, 110, 123-127

 사진 소장 및 제공

간추린 백제사

산수무늬 벽돌 국립부여박물관
쇼토쿠 태자 초상화 도쿄국립박물관

해상 국가 백제, 해상권을 회복하라

발굴 당시 예산 화전리 사면석불
예산 화전리사면석불 머리 국립공주박물관
예산 화전리 사면석불
예산 임존성
서산 용현리 마애여래삼존상
석굴암 본존불
보원사지 전경
금동여래입상 국립부여박물관
백화산 태을암 전경
태안 마애삼존불

백제 말기 새로운 꿈을 펼치다

미륵사지 전경
모형 미륵사지 전경 미륵사지유물전시관
망새 국립부여박물관
연꽃무늬 막새기와 국립부여박물관
원형합과 사리 구슬 국립문화재연구소
금제쪽집게 국립문화재연구소
금제소형판 국립문화재연구소
금제사리호 국립문화재연구소
금제사리봉안기 국립문화재연구소
금동향로 미륵사지유물전시관
당간지주
해체 전 미륵사지 석탑
해체 중인 미륵사지 석탑
동탑
왕궁리유적 정원터 조경석 국립전주박물관
수부가 쓰인 명문기와 국립부여박물관
왕궁리유적 출토 각종 유물 국립전주박물관
왕궁리유적 정원터 출토 유물 국립전주박물관
와적기단 왕궁리유적전시관
연꽃무늬 수막새 국립부여박물관
왕궁리유적 출토 도가니 유물 국립전주박물관
왕궁리유적 여성용 호자 국립부여박물관
대형 화장실터 국립부여박물관
뒤처리용 목간 왕궁리유적전시관
돌로 만든 배수로 왕궁리유적전시관
'왕궁사(王宮寺)'라고 적힌 기와 왕궁리유적전시관
왕궁리 5층 석탑 출토 사리병과 사리함 국립전주박물관
왕궁리 5층 석탑
장하리 3층 석탑

귀신사 3층 석탑
무량사 5층 석탑
홍제동 5층 석탑
온선리 3층 석탑
대왕묘

백제를 끝까지 지켜라

백제군사박물관 전경
무령왕릉 환두대도 국립공주박물관
천안 용원리 출토 용무늬 환두대도 국립공주박물관
수촌리 출토 쇠로 만든 창모 국립공주박물관
화살촉 한신대학교박물관, 한성백제박물관
쇠도끼 국립공주박물관
쇠로 만든 낫 한신대학교박물관, 한성백제박물관
마름쇠 한양대학교박물관, 한성백제박물관
충장사
계백 장군 묘

백제문화기획 역사 체험학습 안내

체험학습 주제	체험학습 코스
『고대 왕국 백제를 찾아서』 "공주, 부여 편"	**공주 코스** 공산성–무령왕릉–공주박물관–곰나루사당 **부여 코스** 부소산성–부여박물관–정림사지–능산리고분군
『고대 왕국 백제를 찾아서』 "서울 편"	**서울 코스** 풍납토성–몽촌토성–한성백제박물관–석촌동고분군–아차산
우리의 뿌리를 찾아서 "조선 유교 문화의 중심, 안동을 가다"	**안동 코스** 도산서원–안동유교문화박물관–안동민속박물관–하회마을
"한양을 버서난 미르처럼"	**수원화성 코스** 융건릉–수원화성–화성행궁–화성박물관
"봄날의 고궁을 좋아하시나요?"	**서울고궁 코스** 경복궁–국립고궁박물관–국립민속박물관–창덕궁–종묘
한반도의 관문 "강화도를 찾아서"	**강화도 코스** 갑곶돈대–강화역사관–고려궁지–성공회강화성당–부근리고인돌–전등사–정족산성–광성보
한반도의 척추 "강원도의 유교 문화를 찾아서"	**강릉 코스** 선교장–강릉단오제체험–오죽헌–강릉시립박물관
"70여 년 전 그 여름으로의 여행"	**천안 코스** 유관순기념관–유관순열사생가–매봉교회–독립기념관
"삼국통일의 신라, 그 영광에 서다"	**경주신라 코스1박 2일** 불국사–석굴암–신라역사과학관–대릉원–첨성대–안압지–경주박물관–분황사–황룡사지–포석정
"대한민국을 움직이는 힘! 그 중심에 서다"	**서울정부기관 코스** 국회의사당–국가정보원–청와대–서울대법원
"어딜 가야 가야를 만날 수 있을까?"	**김해–고령 코스** 대성동고분군–김해박물관–지산동박물관–지산동고분군
"영산강의 풍요로움에 몸을 맡기다!"	**영산강 문화권 코스** 청해진유적지–강진고려청자도요지–화순운주사–담양소쇄원일본문화 탐방
"일본 속의 백제를 찾아서"	**간사이 지역 백제 코스4박 5일** 인덕천황릉–백제왕신사–카이유칸–나라공원–동대사–동대사–헤이안진구–기요미즈테라–금각사–오사카성–오사카역사박물관

백제역사체험학습은 상시 진행되고 있습니다.

문의 : 041-857-8420 백제문화기획 대표전화

www.bjculture.co.kr

고대 왕국 백제를 찾아서 충청, 전라 편

기획 백제문화기획
글 박유상

1판 1쇄 찍음 2012년 12월 31일
1판 1쇄 펴냄 2013년 1월 7일

펴낸이 김정호
펴낸곳 아카넷주니어

편집장 박유상
편　집 문세라
마케팅 천정한, 우세웅
제작관리 박정은

등록 2006년 11월 23일(제2-4510호)
주소 100-802 서울 중구 남대문로 5가 526 대우재단빌딩 16층
전화 02-6366-0519(편집) 02-6366-0514(주문)
팩스 02-6366-0515
전자우편 editor@acanet.co.kr

ISBN 978-89-97296-23-1 73900

• 아카넷주니어는 학술, 고전 전문 출판사인 아카넷의 어린이 브랜드입니다.
• 책값은 뒤표지에 있습니다.